D1640302

Ziemlich beste Helfer

Walter Möbius · Armgard Beran

Ziemlich beste Helfer

Ein tierisch gutes Leben dank Hund,
Katze & Co.

Mit Bildern von Young Lee

Weltbild

Unter Mitarbeit von Gabriele Gillen.

Genehmigte Lizenzausgabe für Weltbild GmbH & Co. KG,
Ohmstr. 8a, 86199 Augsburg
© Verlag Herder GmbH, Freiburg im Breisgau 2022
Covergestaltung: atelier seidel, teising
Coverfoto: © iStockphoto/andresr
Druck und Bindung: CPI Moravia Books s.r.o., Pohorelice
Printed in the EU
978-3-8289-4030-7

Einkaufen im Internet:
www.weltbild.de

INHALT

EINLEITUNG

Tiere tun uns Menschen gut, ob es nun unseren Körper oder unsere Seele betrifft. Sie können uns beschützen, unterstützen und bei unserer Heilung helfen. Das ist beileibe keine neue Erkenntnis, aber eine, die wir immer wieder als sehr wertvoll erfahren. In vielen Geschichten und Märchen aus früheren Zeiten ist von dieser besonderen Beziehung zwischen Tier und Mensch die Rede. So sollen englische Mönche bereits im 18. Jahrhundert bei der Behandlung von seelisch Erkrankten auf Tiere gesetzt haben – und nicht allein auf Gebete. Und auch Sigmund Freud, der Vater der Psychoanalyse, befasste sich mit tiergestützter Therapie. In Anwesenheit seines Chow-Chows Jofi waren Freuds Patienten, vor allem die Kinder, eher bereit, sich zu öffnen.

Es gehört zu den Grundbedürfnissen des Menschen, Fürsorge zu geben und Fürsorge zu empfangen. Wir möchten geliebt werden, und wir möchten Lebewesen um uns haben, die wir lieben können. Zu Tieren können wir ebenso intensive Beziehungen aufbauen wie zu Menschen. Und diese Beziehungen gestalten sich oft einfacher, weil sie frei sind von Leistungsdruck oder Verlustangst. Selbst in einer kalten und einsamen Umgebung können uns Tiere Wärme spenden. Gerade in den hinter uns liegenden Corona-Jahren durften wir das auf ganz besondere Weise erfahren. Und es ist gewiss kein

Zufalls, dass sich viele Menschen in dieser schwierigen und belastenden Zeit mit Haustieren zusammengetan haben.

Inzwischen belegen auch zahlreiche wissenschaftliche Studien, dass Tiere eine positive Wirkung sowohl auf die Psyche als auch auf die physiologischen Funktionen des Menschen haben und so in einem umfassenden Sinn heilend wirken. Sie helfen uns seelisch und praktisch: Tiere sorgen für mehr Bewegung oder einen strukturierten Tagesablauf, Tiere helfen gegen Einsamkeit, sie ersetzen fehlende menschliche Berührungen, bewahren uns vor Depressionen, und sie können sogar im wahrsten Sinn des Wortes Leben retten ...

Besitzer von Hunden oder Katzen müssen seltener zum Arzt und verkraften leichter den Verlust eines nahestehenden Menschen. Tiere lehren uns, Verantwortung und Fürsorge für ein anderes Lebewesen zu übernehmen. Sie vermitteln uns den Wert von Gemeinschaft, wodurch sie unsere seelischen Möglichkeiten erweitern. Sie schenken uns, wenn wir sie liebevoll behandeln, ihre wärmende Freundschaft – eine Geborgenheit, auf die umgekehrt auch viele Tiere angewiesen sind. Tiere interessiert weder unsere soziale Herkunft noch unsere Visitenkarte; ihnen ist es egal, ob wir reich sind oder arm, dick oder dünn; sie fragen nicht nach geistigen oder körperlichen Einschränkungen. Sie sind einfach nur da, so selbstverständlich wie sonst nichts. Und sie sind dankbar, wenn wir ihnen Aufmerksamkeit, Zuneigung und Pflege schenken.

Wer sich in der Welt, wer sich in seinem Freundes- und Bekanntenkreis umschaut, wird immer wieder Beispiele dafür finden, welche positiven Auswirkungen der Kontakt mit Tieren auf Kranke oder Einsame, auf Kinder oder Erwachsene haben kann. Und wird darüber staunen, wie wir seelisch und körperlich von den vielfältigen Facetten der Mensch-

Tier-Beziehung profitieren. Während unserer langjährigen Tätigkeit in medizinischen und pädagogischen Berufszweigen konnten wir aus ganz unterschiedlichen Blickwinkeln Erfahrungen gewinnen, die in diesem gemeinsam verfassten Buch zum Tragen kommen.

So haben wir Geschichten gesammelt, die wir entweder selbst erlebt oder von denen wir erfahren haben, und daraus kurze Erzählungen über schicksalhafte, zum Teil existenzielle Begegnungen und liebende Beziehungen zwischen Mensch und Tier geformt. Erzählungen, in denen es um den Umgang mit Demenz, Autismus und ADHS ebenso geht wie um Hilfe bei Ekzemen oder plötzlichen Notsituationen, in denen Tiere Helfer oder sogar Retter sein können. Zugleich sollen in diesem Buch ganz unterschiedliche Tiere – von der Schnecke bis zum Kamel, begleitet von Katzen und Hunden und vielen anderen – eine Hauptrolle spielen und verschiedene Krankheiten somatischen oder psychischen Ursprungs angesprochen werden. Wir hoffen sehr, dass uns ein Lesebuch gelungen ist, das von der Möglichkeit erzählt, durch die Freundschaft zu Tieren glücklicher zu werden.

MAGNUS UND LARA

ZUM LEBEN BRAUCHT ES
MANCHMAL EINE DOGGE

*Alles Wissen, die Gesamtheit aller Fragen und
alle Antworten sind im Hund enthalten.*

FRANZ KAFKA

Dr. Ebert gehörte einige Jahre zu meinen Patienten. Als Kind litt
er häufig an eitrigen Anginen. Als Folge entwickelte sich ein Herzfehler, der erst relativ spät erkannt wurde. Wegen seiner Herzer-
krankung erschien er häufig bei uns im Krankenhaus. Dr. Ebert
war ein bekannter Orthopäde und besaß eine gut gehende Pra-
xis in Königswinter. Er war verheiratet, und seine Frau hatte eine
Tochter mit in diese Ehe gebracht. Ihr gemeinsamer Sohn Magnus wurde mit einer Lippen-Kiefer-Gaumenspaltung geboren
und erfolgreich operiert: Nahrungsaufnahme und Atmung waren
gewährleistet, doch der Mund-Nasen-Bereich blieb missgestaltet.

Schon bald bemerkten die Eltern, dass bei Magnus zusätzlich
eine Entwicklungsverzögerung vorlag. Er krabbelte nicht und
lernte erst spät zu laufen und zu sprechen, und das mit einer
auffallend näselnden Stimme. Magnus war gut gewachsen, hatte
dichtes hellblondes Haar und große blaue Augen; er war eigent-

lich ein hübscher Junge, wenn nur nicht diese Auffälligkeit im Mund- und Nasenbereich gewesen wäre.

Schon als kleines Kind nahm Magnus selbst wahr, dass irgendetwas mit ihm nicht stimmte, und litt sehr darunter. Die Erwachsenen sahen ihn mit neugierigen und mitleidigen Blicken an, die Kinder auf dem Spielplatz wollten nicht mit ihm spielen. Magnus fühlte sich ausgestoßen und weigerte sich bald, auf den Spielplatz zu gehen. Mit sieben Jahren und sechs Monaten wurde er eingeschult. Seine Eltern hatten eine sogenannte Elite-Grundschule in einer bevorzugten Wohngegend ausgesucht. In Magnus' Klasse waren insgesamt achtzehn Kinder, alle aus wohlhabenden Familien. Die Eltern von Magnus hofften auf die gute Erziehung der Mitschüler. Tatsächlich wurden Magnus' Aussehen und Sprache weitgehend toleriert, offenen Spott oder offene Ablehnung erlebte er nicht. Doch einen Freund fand Magnus auch hier nicht.

Zu Beginn seiner Schulzeit luden Magnus' Eltern regelmäßig zu großen Kinderfesten auf ihrem parkähnlichen Grundstück mit Schwimmbad und Spielplatz ein. Aber Magnus wurde nie von anderen Kindern eingeladen, weshalb er die Partys seiner Eltern irgendwann ablehnte. Der Junge besaß Spielzeug im Überfluss, eine große Ritterburg, eine Segelbootflotte und Elektroautos, in denen er durch den großen Garten fuhr. Allein. Meist saß Magnus traurig in seinem Zimmer, hörte Kinderkassetten und wollte kaum etwas essen und auch nicht mit seinen Eltern sprechen. Seine um einige Jahre ältere Schwester, mit der er sich gut verstand, hatte inzwischen das Haus verlassen, um im Ausland zu studieren.

Trotz der guten Bedingungen – eine kleine Klasse und engagierte Lehrer – fiel Magnus das Lernen schwer. Zum Ende des ersten Schuljahres wurde den Eltern mitgeteilt, dass Magnus' Leistungsrückstand zur zweiten Klasse erheblich war. Die

Schulleitung legte ihnen nahe, ihren Sohn in eine Schule für Lernbehinderte zu geben. Die Eltern waren tief betrübt, doch schließlich gaben sie ihre Zustimmung und Magnus wurde in eine solche Schule überwiesen. Hier war er nicht mehr der Größte und Älteste, auch das Lernniveau war angemessen, und beim Rechnen war Magnus den Mitschülern sogar überlegen. Trotzdem verschlimmerte sich Magnus' Leidensweg noch weiter. Seine Mitschüler hänselten ihn, lachten ihn aus, sie bewarfen ihn in der Pause mit Dreck und bezeichneten ihn sogar als Monster. Lehrer und Schulleitung waren machtlos.

Es muss erwähnt werden, dass der Vater Magnus morgens mit einem riesigen Mercedes zur Schule brachte und die Mutter ihn mittags mit einem Porsche abholte. Außerdem wurde Magnus sehr gut und teuer gekleidet. Der Reichtum der Familie wurde deutlich zur Schau gestellt, was sicher mit zur Ablehnung beitrug. Der größte Teil von Magnus' Mitschülern kam aus sozial schwachen Familien und litt zudem unter Verhaltensauffälligkeiten.

Nach einigen Monaten wurde das Ehepaar Ebert zu einem Gespräch in die Schule gebeten. Man erklärte den Eltern, dass die Schule wegen der vielen unangenehmen Vorfälle für Magnus nicht die richtige sei. Doch was tun mit einem Kind, das in keine Schule passt, leidet und sich deprimiert zurückzieht? Verzweifelt kam Dr. Ebert zu mir und klagte mir seine Ratlosigkeit. Ich kannte mich in der Bonner Schullandschaft nicht aus und empfahl ihm, einen bekannten Kinder- und Jugendpsychiater zu konsultieren. Mehr als ein Jahr hörte ich nichts mehr von Dr. Ebert. Doch dann tauchte er überraschend wieder bei uns in der Ambulanz auf. Auf den ersten Blick erschien er mir verändert. Glücklicher und entspannt. Was war in der Zwischenzeit geschehen?

Als ersten Schritt hatten die Eltern einen Hauslehrer für Magnus engagiert. Jetzt konnte Magnus in einem für ihn passenden

Lerntempo und mit speziellen Lerninhalten das schulische Programm absolvieren. Doch natürlich fehlten Magnus weiterhin soziale Kontakte zu Gleichaltrigen. Der Kinderpsychiater hatte die Anschaffung eines Haustiers empfohlen, und das Ehepaar Ebert beschloss, Magnus einen Hundewelpen zu schenken. Vielleicht einen kleinen Malteser oder einen Golden Retriever, einen zuverlässigen Kinderfreund und Familienhund. Doch der inzwischen neunjährige Magnus hatte seine eigenen Vorstellungen. Im Fernsehen hatte er einen Bericht über eine Hundeaufnahmestation in München gesehen. Dort wurden Straßenhunde aus Rumänien und Bulgarien aufgenommen, um anschließend ein neues Zuhause für sie in Deutschland zu finden. »Ich will einen Hund von da!«, erklärte Magnus entschieden. In dem Film, erzählte er weiter, habe man eine dreijährige schwarze Dogge vorgestellt, die so ein liebes und schönes Gesicht habe und große, wunderschöne Augen, die traurig in die Kamera guckten. Das arme Tier habe ein verkürztes Bein, und auch der Schwanz schien zu kurz. »Sicher hat sie einen Unfall gehabt, und dann hat der Besitzer sie einfach auf die Straße gesetzt.« Magnus ließ sich nicht beirren: entweder diese Dogge oder gar kein Hund.

Zwar konnten sich die Eltern keinen »Straßenköter aus Rumänien«, so Dr. Ebert wörtlich, in ihrem eleganten Haus vorstellen, aber schließlich fuhren sie mit Magnus nach München zur Auffangstation. Nachdem alle Formalitäten erledigt waren, ging es mit der riesigen Dogge Lara zurück nach Bonn. Vom ersten Augenblick an waren Magnus und Lara ein Herz und eine Seele. Es stellte sich heraus, dass Laras verkürztes Bein und der halbe Schwanz nicht die einzigen Probleme des Hundes waren. Lara hatte unter dem Bauch eine nicht verheilte Wunde, und ihre Ohren waren stark entzündet. Was folgte, waren zahllose Besuche beim Tierarzt, und Magnus hegte und pflegte den Hund mit ganzem Herzen. Magnus las Bücher über Doggen und ihre Behandlung, er notierte alle Arzt- oder Impftermine in einer Liste und führte ein Hundetagebuch, in das er auch Fotos von Lara klebte. Beim täglichen Unterricht lag Lara zu Magnus' Füßen. Die Dogge hatte den jungen Hauslehrer gleich akzeptiert, und Magnus machte große schulische Fortschritte.

Als Lara wieder gesund war, besuchte Magnus mit ihr regelmäßig das Training in einer Hundeschule. Und hier fand Magnus endlich Freunde. Mit den anderen Hundebesitzern führte er Fachgespräche, man telefonierte miteinander und verabredete sich zu gemeinsamen Spaziergängen. In den Sommerferien fuhr die ganze Familie – auch die große Schwester war dabei – für drei Wochen nach Holland ans Meer. Natürlich mit Lara. Für Magnus waren es die bis dahin schönsten Ferien in seinem Leben, und das galt sicher auch für Lara aus Rumänien. Nach der qualvollen Odyssee der letzten Jahre war die Familie zur Ruhe gekommen.

Wieder hörte ich lange nichts von Dr. Ebert. Dann der Zufall: Ich befand mich gerade in einem Café, um für überraschend gekommene Gäste Kuchen zu besorgen. Während ich in der Schlange wartete und die Torten in der Auslage betrachtete, stupste mich plötzlich eine Dame an: »Herr Möbius, kennen Sie mich noch?« Es war die Mutter von Magnus. »Sie werden es nicht glauben«, erzählte Frau Ebert, »unser Magnus hat im vergangenen Jahr extern seinen qualifizierten Hauptschulabschluss bestanden und lernt nun für das Fachabitur. Er will Altenpfleger werden.« Ich erkundigte mich nach Lara. Ihr ging es ebenfalls gut in ihrer Familie, und Magnus und sie waren weiterhin unzertrennlich.

Übrigens: Magnus ist inzwischen tatsächlich Altenpfleger geworden. Wegen seiner Einfühlsamkeit wird er von Kollegen und Patienten sehr geschätzt.

HÜHNER IN CORONA-ZEITEN

VOM ÜBERLEBEN
IN DER PANDEMIE

In der Bahnhofshalle, nicht für es gebaut,
geht ein Huhn
hin und her ...
Wo, wo ist der Herr Stationsvorsteher?
Wird dem Huhn
man nichts tun?
Hoffen wir es! Sagen wir es laut:
dass ihm unsre Sympathie gehört,
selbst an dieser Stätte, wo es – »stört«!

CHRISTIAN MORGENSTERN

Familie Schulze lebt in einem Reiheneckhaus am Rande einer größeren Stadt. Herr und Frau Schulze haben vier Kinder: Charlotte, zwölf Jahre, Jonas, neun Jahre, und die Zwillinge Alex und Niclas, acht Jahre.

Die Pandemie ist wie für alle Familien mit Kindern eine große Herausforderung, für die Schulzens mit ihren lebhaften Jungen besonders. Herr Schulze arbeitet in einer großen

Firma als Abteilungsleiter, Frau Schulze in einem kleinen Betrieb als Sekretärin, jetzt im Homeoffice. Die Schulen befinden sich im Shutdown.

In der ersten Woche verlief das Familienleben noch einigermaßen harmonisch. Herr Schulze kaufte ein großes Trampolin, einen Rasensprenger, und die Kinder hatten viel Spaß. Doch schon in der zweiten Woche hatte keins der Kinder mehr Lust, auf dem Trampolin herumzuspringen, die Atmosphäre wurde immer gereizter.

Morgens bekam Frau Schulze ihre Kinder nicht aus dem Bett und abends nicht hinein. Charlotte hing nur an ihrem Handy oder iPad, betrachtete das Ganze als Ferien, und sie sah nicht ein, irgendetwas für die Schule zu tun.

Die drei Jungen tobten und stritten den ganzen Tag, weder Vater noch Mutter konnten sie motivieren, die erforderlichen Arbeitsblätter der Schule zu bearbeiten. Auch die Schulaufgabe, nämlich ein Corona-Tagebuch zu führen, hielten die vier für total schwachsinnig, denn da ein Tag wie der andere verlief, wusste keiner, was er schreiben sollte.

Frau Schulze war mit ihren Nerven am Ende, und wenn abends ihr Mann nach Hause kam und die Kinder wegen ihres Verhaltens und der nicht angefertigten Schularbeiten zusammenstauchte, war das Familienleben nahezu unerträglich.

Da, ein Glücksfall!

Frau Schulze las folgende Anzeige in der Tageszeitung:

Tagesstätte Regenbogen in Düsseldorf sucht tierliebende Familie mit Kindern, die eine kleine Hühnerschar für 8 Wochen in Pflege nimmt. Zaun, Stall und Futter werden mitgeliefert.

Sie sah darin eine große Chance, die Kinder sinnvoll mit eigenen, verantwortungsvollen Aufgaben zu beschäftigen.

Sie konnte es vor Freude kaum fassen, als ihre Familie aus den zahlreichen Bewerbern ausgewählt wurde. Das könnte die Lösung sein. Die Begeisterung war groß, und alles wurde in die Wege geleitet.

Bereits am nächsten Tag kamen sechs Hühner mit ihren Utensilien an und zogen in den hinteren Teil des Gartens. Jonas protestierte zunächst, er vermisse den stolzen Hahn in der Gruppe. Man erklärte ihm, dass das leider in einer Wohngegend nicht erlaubt sei, da ein Hahn bereits morgens um fünf Uhr laut krähe und die Nachbarn störe.

Das Hühnergehege war schnell aufgebaut, und gemeinsam erarbeiteten die Kinder einen Arbeitsplan, wer wann was zu machen habe, wobei auch die schulischen Belange berücksichtigt wurden.

Jedes der Kinder durfte sich ein Huhn aussuchen, Frau Schulze und ihr Mann nahmen die übrig gebliebenen. Alles verlief ohne Streit. Zum großen Bedauern der Kinder hatten die Hühner schon Namen, nämlich Lisa, Lea, Lotte, Luise, Lola und Lina.

Jonas protestierte, was das denn für bekloppte Namen seien, er werde sein Huhn auf keinen Fall Luise rufen, sondern Isabella. Aber er musste sich fügen, denn das war die ausdrückliche Anweisung der Leiterin, die Hühner seien an ihre Namen gewöhnt, somit sei ihre Identität gewahrt.

Die Begeisterung der Kinder ließ nicht nach. Sie standen bereits morgens um sieben auf, und noch vor dem Frühstück wurden die Hühner aus dem Stall gelassen und bekamen ihr Futter und frisches Wasser. Dann erst setzten sich die Kinder selbst an den Frühstückstisch. Anschließend wurden die

Schularbeiten erledigt. Der Tag war somit strukturiert, und der Friede kehrte in die Familie zurück, selbst das Corona-Tagebuch war nun kein Problem mehr. Charlotte beschloss sogar, ihr Tagebuch sowohl in Deutsch als auch in Englisch zu verfassen, und erntete von der Englischlehrerin großes Lob.

Im Internet recherchierten die Kinder gemeinsam alles über die Haltung von Hühnern und machten sich entsprechende Notizen. Die Zwillinge erweiterten geschickt das Gehege, Charlotte baute ihnen einen speziellen Sandkasten, damit sie im Sand baden konnten. Jonas hatte eine andere Idee. Er hob seine schneeweiße Luise über den Zaun und ließ sie frei im Garten herumlaufen. Er wollte sie dressieren, und tatsächlich lief ihm Luise fortwährend laut gackernd hinterher. Doch Frau Schulze erklärte Jonas, dass das nicht gehe, die anderen Hühner würden neidisch sein und anschließend nur auf Luise herumhacken. Das leuchtete Jonas ein.

Die größte Überraschung gab es eines Morgens. Denn da lagen plötzlich drei Eier im Stroh, ein weißes, ein braunes und ein hellgrünes. Die Kinder jubelten und rätselten, welches Huhn wohl welches Ei gelegt hatte. Wieder wurde gemeinsam intensiv im Internet geforscht und tatsächlich die Lösung gefunden. Die Farbe der Eier hat nichts mit der Farbe der Hühner zu tun. Die sogenannte Ohrscheibe hinter dem Ohrläppchen des Huhns ist für die Farbe der Eier zuständig. Hat das Huhn eine weiße Ohrscheibe, legt es mit großer Wahrscheinlichkeit ein weißes Ei. Ist der Bereich hinter dem Ohr rot, wird es braune oder auch grüne Eier legen.

Die Hühner waren nun ein fester Bestandteil der Familie, die Kinder waren glücklich und erledigten alle Aufgaben gewissenhaft. Doch ein Problem gab es noch, mit dem niemand gerechnet hatte: Die Hühner legten täglich drei bis fünf Eier.

Am Abend tagte der Familienrat, und nun hatten die Zwillinge gleich zwei zündende Ideen: Man könnte die Eier, die man nicht braucht, doch im Verwandten- und Bekanntenkreis verkaufen, den Erlös wollte man stiften. Gleichzeitig wollte man ein Kochbuch mit Eierrezepten zusammenstellen, vervielfältigen, verkaufen und den Erlös ebenfalls stiften.

Der Vorschlag wurde einstimmig angenommen.

Eifrig wurden die verschiedenen Eierspeisen ausprobiert, fotografiert und aufgeschrieben:

Eierpfannkuchen
Tomaten-Paprika-Rührei
Pochierte Eier auf Spinat
Camembert-Omelette mit Pilzen
Eier in bunter Schinken-Pfeffer-Soße
Saure Eier
Süßes Heidelbeer-Omelette
und vieles mehr.

Es entstand ein wunderschönes Kochbuch.

Nach acht Wochen mussten zum großen Bedauern der Kinder die Hühner zurück in die Kita. Doch die Leiterin versprach ihnen, dass sie, falls nötig, die Hühner immer wieder bekommen würden und, wenn möglich, sie diese auch jederzeit besuchen könnten.

ABENTEUER MIT URMEL

WIE EIN KIND MIT DOWNSYNDROM FREUNDSCHAFT MIT EINEM SCHWEIN SCHLOSS

Heil dir, geborstetes,
Ewig geworstetes,
Dutzend geborenes,
Niemals geschorenes,
Liebliches Schwein.

ALOYS BLUMAUER

In der Aufnahmestation liegt der siebzehnjährige Peter, ein junger Mann mit Downsyndrom, an der Seite der Trage seine verzweifelte Mutter. Mit tränenerstickter Stimme wiederholt sie immer wieder:»Bitte, bitte helfen Sie unserem Sohn, er stirbt.« Mühsam schnappt Peter nach Luft. Ein kurzer Blick auf den Patienten und ein Tasten mit der Hand sagen mir: Hier besteht größte Gefahr. Das teigige Gesicht des Jungen ist unheilvoll blass-bläulich verfärbt, die Augenlider sind geschwollen, die prall gefüllten Halsvenen springen wie Seil-stränge hervor. Der Puls ist kaum zu tasten und rast. Die

Haut fühlt sich kühl und trocken an, die Stimme ist heiser. Ohne Zeit zu verlieren, eilen wir mit unserem Patienten auf der Trage Richtung Intensivstation. Bei der Ultraschalluntersuchung bestätigt sich schnell unser Verdacht: Peter hat eine Herzbeuteltamponade, das heißt, anderthalb Liter Flüssigkeit befinden sich im Herzbeutel, eine lebensbedrohliche Situation. Nach der Punktion des Herzbeutels erholt sich der Patient schnell und verlangt krächzend nach einem Essen.

Peter ist gerettet. Eine unkontrolliert entstandene massive Unterfunktion der Schilddrüse – nicht selten die Begleiterkrankung beim Downsyndrom – war bei Peter die Ursache der Flüssigkeitsansammlung im Herzbeutel. Daher rührten auch die raue Stimme und die trockene Haut. Die weitere Behandlung soll nun auf der Allgemeinstation erfolgen. »Können wir ihn nicht hierbehalten?«, fragen die Schwestern der Intensivstation, die diesen liebenswerten und knuffigen Patienten sofort ins Herz geschlossen haben. »Er ist so fröhlich«, sagt eine Schwester. »Er singt und summt ständig vor sich hin«, ergänzt eine andere. »Er streichelt uns die Hände und ist für jede kleine Aufmerksamkeit dankbar.« – »Es tut mir leid, aber Peter geht es viel besser, er muss auf die Normalstation«, entgegne ich, froh über die positive Wendung der bedrohlichen Erkrankung.

Auch auf der neuen Station erobert Peter schnell die Herzen der Schwestern. Die Therapie mit dem dringend notwendigen Schilddrüsenhormon zeigt bald Wirkung, und unser bis dahin eher passiver Patient erwacht zu neuem Leben. Überraschend scheint Peter auch sein Interesse am anderen Geschlecht zu entdecken. Gelegentlich fasst er eine der Schwestern an oder boxt sie sanft, aber alle Berührungen sind stets von einem leichten, schelmischen Lachen begleitet. Die

Schwestern nehmen es ihm nicht übel. Doch ich will ihn wegen seiner neu geweckten »Leidenschaft« ermahnen und zupfe leicht an seinem Ohr. Er kichert, klatscht vergnügt in seine weichen Hände und erwidert: »Doktor, Schweineboxen! Schweineboxen!« Was er damit wohl meint?

Peters Vorgeschichte: Die Eltern, ein Beamtenehepaar, hatten schon drei Kinder, als Peters Mutter fünfzehn Jahre nach der Geburt der jüngsten Tochter überraschend erneut schwanger wurde. Als sie es merkte, war sie bereits im dritten Monat. »Sie glauben nicht, was für ein Wechselbad der Gefühle diese Nachricht auslöste.« Kurz darauf wurde bei dem Embryo ein Herzfehler festgestellt; wenig später, bei einem anderen pränatalen Test, dann der Schock: Trisomie 21, das Downsyndrom! »Mein Mann wollte das alles nicht glauben, und sein Gesichtsausdruck sprach Bände. ›Denk nicht einmal dran‹, war meine Reaktion: ›Ich kriege das Kind!‹« Obwohl die Herzoperation des Neugeborenen früh erfolgte, verzögerte sich wegen des Downsyndroms die Entwicklung des Kindes. Doch Eltern und Geschwister liebten den Kleinen, und Peter war bald der Mittelpunkt der Familie.

Zunächst besuchte Peter einen integrativen Kindergarten, anschließend eine Förderschule. Nach ungefähr vier Jahren Schule vermochte er, kleine Texte zu lesen und zu verstehen, er konnte kurze Aufsätze und Briefe schreiben, auch beherrschte er weitgehend den Zahlenraum bis 100 und vom Einmaleins die Zweier-, Dreier-, Fünfer- und Zehner-Reihe. Sachaufgaben bereiteten Peter große Schwierigkeiten. Er liebte Musik, verweigerte jedoch die Teilnahme am Sportunterricht, und somit beließ man es bei Psychomotorik. In seiner Klasse war Peter sehr beliebt, durch seine aufgeschlossene, fröhliche Art sorgte er stets für eine vergnügliche Unterrichtsatmosphäre.

Doch dann, geblendet vom schulischen Erfolg ihres Sohns, begingen die Eltern einen großen Fehler. Sie engagierten einen Nachhilfelehrer, der mit Peter viermal in der Woche die Kernfächer üben sollte. Und das ohne Absprache mit der Schule. Dort hätte man den Eltern sicher davon abgeraten und ihnen erklärt, dass Peter seine mentalen Grenzen erreicht habe und man ihn mit extremer Nachhilfe nur unter sinnlosen Stress setze.

Bereits nach einer Woche begann das häusliche Drama. Peter sträubte sich gegen den zusätzlichen Unterricht, wurde wütend und aggressiv, schlug in seiner Not wiederholt mit dem Kopf gegen die Wand und versteckte sich meistens irgendwo im Haus, wenn er das Auto des Nachhilfelehrers hörte.

Der Vater versuchte, sein Bildungsvorhaben mit Strenge durchzusetzen, doch Peters verzweifelte Abwehr wurde nur noch größer. Aus dem fröhlichen Jungen war ein wütender, schwieriger, fast schon unerträglicher Zeitgenosse geworden. Die Eltern wollten die eigene Verantwortung nicht sehen und quälten den Sohn weiter mit ihren unangemessenen Ansprüchen. Der erste Nachhilfelehrer gab auf, es folgten zwei weitere. Natürlich hatten auch sie keinen Erfolg. Peter reagierte immer aggressiver, jetzt auch in der Schule.

Endlich führten die Lehrer ein ernstes Gespräch mit den Eltern, aber es war schon zu spät. Peters Störung hatte sich inzwischen manifestiert. Obwohl jetzt kein Hausunterricht mehr stattfand und auch in der Schule jede Überforderung vermieden wurde, verweigerte Peter konstant jegliche Mitarbeit, flüchtete ständig aus dem Klassenraum und versteckte sich auf dem Schulhof.

Die Sommerferien nahten. Die Schulleiterin schlug der Familie vor, die Ferienwochen gemeinsam auf einem Bauernhof zu verbringen, der mit großem Erfolg tiergestützte Therapien anbot. Die Gäste dort waren Kinder und Jugendliche mit Schulangst, Autismus oder Aggressionen. Diese Umgebung, so die Leiterin der Schule, könne Peter vielleicht helfen, den Lernstress zu vergessen und die Verhaltensstörung abzubauen.

Der therapeutische Bauernhof lag in einer idyllischen Landschaft, und neben den Ponys, Eseln, Gänsen und Kühen hatte sich der Bauer mit seiner Familie auf die Züchtung einer alten Schweinerasse konzentriert. Es waren kleine, robuste, schwarz-weiße Schweine, die hier in einem richtigen »Schweineparadies« lebten: offener Stall, ein Platz zum Suhlen und eine große Weidefläche mit einem Wäldchen nebenan.

Ein wenig widerwillig – sie hatten sich eigentlich einen anderen Sommerurlaub vorgestellt – mieteten die Eltern von Peter auf dem Bauernhof eine Ferienwohnung für die ganze Familie. Kaum angekommen, erkundete der Vater mit seinem jüngsten Sohn das große Gelände. Die vielen Tiere waren für Peter das Schönste. Vor allem die kleinen Schweine. Immer wieder zog Peter seinen Vater zum Schweinegehege. Dort liebkoste er die Schweine, die umgekehrt auch freudig auf ihn zuliefen. Besonders hatte Peter ein sehr kleines, fast schwarzes Schwein ins Herz geschlossen. Dieses wurde von seinen zahlreichen Geschwistern stets zur Seite gedrängt und blieb dann traurig im Abseits. Nun schob Peter die Schweineschar zur Seite und setzte sich neben das kleine Schwein auf die Wiese. Er liebkoste es, sprach mit ihm und nannte es Urmel. »Urmel, Papa! Das ist Urmel.« Voller Freude wateten beide, Peter und das kleine Schwein, durch den Matsch. Von nun an ließ Peter Urmel nicht mehr aus den Augen. Und Urmel kam sofort angerannt, wenn es Peter auch nur von Weitem sah. Peters Verzweiflung und seine Aggressionen lösten sich geradezu in Luft auf. Er wurde wieder der fröhliche Junge, der er vor dem Zwangsunterricht gewesen war.

Die anderen Schweine verloren bald jegliches Interesse an Peter, und es gab nur noch Peter und sein Urmel. Nahezu den ganzen Tag verbrachten die beiden gemeinsam, sie spielten, gingen spazieren und tollten auf der Wiese herum. Und Peter schien die Oinks und Grunzlaute oder Quieker des kleinen Schweins zu verstehen. Offensichtlich redeten die zwei Freunde miteinander.

Nach wenigen Tagen wurde Urmel kecker und forderte Peter zu kleinen Kämpfen heraus. Das Schweinchen stupste Peter sanft mit dem Rüssel, und Peter boxte mit seinen kleinen weichen Händen leicht auf Urmels Nase. Beide hatten großen Spaß, und das gegenseitige Stupsen wurde zu einem morgendlichen Ritual. Die Eltern, die das Ganze zuerst unsicher beobachtet hatten, waren nun verblüfft, aber auch froh über die immer inniger werdende Freundschaft zwischen Urmel und ihrem Peter. Auch die Therapeutin, die das Geschehen diskret aus der Ferne begleitete, freute sich über Peters innige Beziehung zu seinem kleinen Schwein. »Schweine«, erklärte sie den Eltern, »können wie wir Menschen Freude und Spaß, Schmerz und Trauer empfinden. Und Mitgefühl.« Mit ihren fröhlichen Spielen und harmlosen Kämpfen, die der Zusammengehörigkeit dienen, könnten sie gerade bei Kindern und Jugendlichen Vertrauensverhältnisse aufbauen und die Entwicklung intuitiver und empathischer Kommunikation fördern.

Dann waren die Sommerferien leider vorbei, und Peter und Urmel mussten Abschied nehmen. »In den Herbstferien komme ich wieder, das verspreche ich dir«, flüsterte Peter in Urmels kleines schwarzes Schweineohr. Und wer genau hinsah, konnte wahrnehmen, dass auch Urmel traurig war.

Zunächst begleitet von einer therapeutischen Behandlung, ging Peter schon bald wieder gerne zur Schule und machte kleine, ihm gemäße Lernfortschritte. Besonders lebhaft war Peter jetzt im Sachunterricht immer dann, wenn es um Tiere ging. »Schweineboxen«, rief er fröhlich: »Schweinboxen!«

Nach dem Schulabschluss half Peter bei seinem Onkel mit auf dem Hof. So konnte er auch weiterhin seine Lieblinge regelmäßig sehen und umhegen..

Y. Lee

DIE STUTE ARABELLA

FAMILIENFRIEDEN DANK PFERD

Das Paradies der Erde
Liegt auf dem Rücken der Pferde.

FRIEDRICH VON BODENSTEDT

Auch wenn die folgende Geschichte sehr an die Bücher und Erzählungen von Rosamunde Pilcher erinnern mag, versichere ich hiermit feierlich: Sie ist wahr.

Als Kinder verbrachten wir oft unsere Sommerferien bei meinem Onkel auf dessen Gutshof. Ich hatte viel Spaß mit meinen Cousins, die ungefähr im gleichen Alter waren. Ich half beim Heumachen, beim Dreschen und ritt jeden Tag voller Begeisterung ungesattelt über die Weiden. Ich erinnere mich auch noch genau, dass meine kleine Schwester oft laut singend durch das Gutshaus marschierte:

Siehste wohl, da kimmt er,
große Schritte nimmt er,
siehst wohl, da kimmt er schon,
der verrückte Schwiegersohn.

Irgendwie fand ich das sehr lustig. Ich fragte sie, woher sie das Lied habe, und sie antwortete: »Das singt doch immer die alte Tante Elli, wenn sie die Betten macht.«

Der Gutshof Eichenforst war seit Generationen im Besitz der Familie von Mühlendorf. Er lag in Dithmarschen, einer idyllischen Landschaft mit wunderschönen alten Gutshöfen, riesigen Weiden, fruchtbaren Äckern und blühenden Wiesen, zwischen Nordsee, Eider, Elbe und dem Nord-Ostsee-Kanal gelegen. Die Pferdezucht der Familie von Mühlendorf war über Deutschlands Grenzen hinaus bekannt. Die großen, robusten Holsteiner Stuten wurden mit edlen Hengsten englischer Herkunft des Holsteiner Verbandes gekreuzt, und das Ergebnis – elegante, sprunggewaltige Exemplare – konnte sich sehen lassen.

Da konnte es auch nicht verwundern, dass die Pferde der Familie von Mühlendorf in sportlichen Wettkämpfen die besten Noten erhielten. Was allerdings nicht vorausgesehen werden konnte, war ihre wichtige Rolle bei der Rettung des Familienfriedens. Pferdezucht als Paartherapie.

Der alte Gutsherr von Mühlendorf – hier beginnt die Geschichte – hatte vier Töchter, weshalb ihn Tag und Nacht die Frage beschäftigte, wer denn nun eigentlich einmal das Gut erben solle. Ein geeigneter Schwiegersohn war noch lange nicht in Sicht, und Elisabeth, die älteste Tochter, verließ früh das Gut, wurde Krankenschwester und ging nach Afrika. Sie hatte kein Interesse an dem Hof. Blieben also die drei anderen Töchter, die weiterhin mit ihren Eltern auf dem Gut lebten. Sophia, die Zweitälteste, war für den Haushalt verantwortlich, Margareta für die Knechte und Mägde, und Clara, die jüngste Tochter, betreute das Vieh und die Pferde. Wie ihr Vater war sie eine begeisterte Springreiterin.

Dann starb plötzlich der alte Gutsherr.

Zur Überraschung aller hatte er in seinem Testament verfügt, dass nicht Sophia, die Herrin des Haushaltes, sondern
Margareta, die zweitjüngste Tochter, das Gut erhalten sollte;
ihre Schwestern mussten sich mit einem lebenslangen Wohn-
recht begnügen – und mit einem geringen Entgelt. Sophia
hatte sich schon als künftige Gutsherrin gesehen, doch ihr
Traum war geplatzt. Eleonore, die alte Gutsherrin, war verzweifelt, denn Streit und Missgunst waren vorprogrammiert.
Um die Arbeit auf dem Hof nicht durch den Schwesternzwist
zu gefährden, entschloss sich Eleonore, eine Art neutrale In-
stanz, einen Fachmann, einen Gutsvorsteher einzustellen, einen diplomierten Landwirt. Kurz darauf erschien Winfried
auf dem Hof. Winfried kam aus gutem Hause, hatte exzellente
Abschlussnoten und war ein in der Region bekannter Turnier-
reiter. Außerdem sah er sehr gut aus.

Nur der ersehnte Friede kehrte mit ihm auf Eichenforst
nicht ein, im Gegenteil. Denn alle drei Schwestern, Sophia,
Margareta und Clara, verliebten sich in Winfried. Der aber
hatte nur Augen für Clara. Da nutzte es auch nichts, dass
die alte Gutsherrin Clara ins Haus verbannte und Sophia die
Tiere übernehmen musste. Winfried und Clara blieben ein
Liebespaar, und Eleonore und die beiden anderen Töchter be-
trachteten die Beziehung voller Argwohn oder Eifersucht. Die
Atmosphäre auf dem Hof wurde immer unerträglicher.

Das Jahr ging zu Ende, und Winfried entschied sich, zusammen mit Clara Eichenforst zu verlassen und sich eine neue
Stelle zu suchen. Da ließ die alte Gutsherrin Winfried zu sich
kommen, um ihre Fäden zu ziehen: »Du weißt, dass Margareta die Alleinerbin ist. Ich möchte dir ein Angebot machen.
Heirate Margareta, nimm unseren Namen an, und ihr beide

werdet die neuen Gutsbesitzer sein. Ansonsten bleibt alles so, wie es ist.«

Nach nur kurzem Nachdenken nahm Winfried das Angebot, Gutsherr zu werden, an, heiratete Margareta und war der Meinung, auf Clara nicht unbedingt verzichten zu müssen. Ein großer Fehler, eine Entscheidung, die die Atmosphäre noch mehr vergiftete. Der Gutshof wurde endgültig zur Hölle. Vor allem für Winfried: eine Schwiegermutter, die ihn für seine Entscheidung verachtete und ihn das täglich spüren ließ; eine eifersüchtige Ehefrau, eine enttäuschte Geliebte und die missgünstige Schwägerin Sophia, die das Geschehen um sich herum mit einiger Schadenfreude beobachtete. Sie alle machten ihm das Leben schwer. Er arbeitete Tag und Nacht, die Damen wurden ständig anspruchsvoller, das Geld langte bald vorne und hinten nicht mehr. Winfried zog sich immer mehr zurück, flüchtete sich noch mehr in die Arbeit, wurde schwermütig und aggressiv. Doch trotz aller Schufterei war der Gerichtsvollzieher regelmäßiger Gast auf Eichenforst. Die Schweine brachten keinen, die Kühe nur einen geringen Gewinn, allein durch die Pferdezucht kam Geld ins Haus, mit dem Winfried die Zwangsversteigerung des Guts immer wieder hinausschieben konnte. Überhaupt waren die Pferde Winfrieds einziger Trost. Jede freie Minute verbrachte er auf der Pferdekoppel und beobachtete die prächtigen Holsteiner Stuten.

Arabella, die vierjährige dunkelbraune Stute mit einem dichten schwarzen Behang, hatte es ihm besonders angetan. Liebevoll nannte er sie Bella. Sobald Bella Winfried in der Ferne mit dem Rad ankommen sah, galoppierte sie im rasenden Tempo aufs Gatter zu und wich auf der Weide nicht mehr von seiner Seite. Winfried betrachtete sie voller Wohlwollen, pflegte und hegte sie, was eigentlich für Pferde auf der Koppel unüblich war, und konnte die Probleme im Gutshaus für einige Stunden vergessen.

Winfried schmiedete Pläne. Bella sollte der beste Hengst des Verbands zugeführt werden; das zukünftige Fohlen musste etwas ganz Besonderes werden, und er würde dieses Fohlen für sich behalten, es großziehen, es ausbilden und später mit dem Pferd wichtige Turniere gewinnen.

Äußerlich verrichtete Winfried seine Arbeit auf dem Gut wie gewohnt, aber seine Gedanken kreisten allein um Arabella und ihr künftiges Fohlen. Er träumte.

Regelmäßig studierte Winfried die angebotenen Zuchthengste des Verbands, ihre Abstammung, ihre Nachkommen und ihre Erfolge im Reitsport, national und international. Der Star des Jahres war Donatus, beinah alle Züchter wollten diesen Hengst haben, doch Winfried entschied sich dafür, zunächst alle Zuchthengste zu begutachten.

»Morgen fahre ich zwei Tage zur Hengststation«, eröffnete er der Familie beim Abendessen, »ich möchte einen passenden Hengst für Arabella aussuchen.«

Seine Frau schaute ihn an. »Winfried, ich habe dich auf der Weide beobachtet. Ich habe bemerkt, dass dir Arabella besonders am Herzen liegt. Darf ich morgen mitkommen? Auch ich habe zahlreiche Stammbäume studiert und würde dich gerne beraten.«

Winfried blickte überrascht auf, er konnte nicht glauben, dass sich Margareta ebenfalls für die Zucht interessierte. Nach einigem Zögern stimmte er zu, und sie fuhren gemeinsam los. Schon auf der Fahrt zur Hengststation führten Winfried und Margareta ausgiebige Fachgespräche, so intensiv hatten sie lange nicht mehr miteinander gesprochen. Sie entdeckten die Übereinstimmung ihrer Vorstellungen und fanden schnell den geeigneten Vater für ihr zukünftiges Fohlen. Es war Samorano, der Star des Vorjahres, ein großer, mittelbrauner Hengst mit einer sternförmigen Blesse. Margareta und Winfried waren *gemeinsam* glücklich, zum ersten Mal, und leiteten alles Weitere in die Wege.

Tatsächlich brachte Arabella nach dreizehn Monaten ein vielversprechendes dunkelbraunes Hengstfohlen zur Welt, Winfrieds Traum schien in Erfüllung zu gehen.

Drei Monate vorher aber wurde Torben geboren, der Sohn von Winfried und Margareta; es folgten zwei weitere Söhne.

Und es kehrte ein gewisser Frieden auf dem alten Gutshof ein. Sophia und Clara kümmerten sich rührend um die Kinder, doch das gespannte Verhältnis zwischen Winfried und seiner Schwiegermutter blieb. Sie sang oder summte weiterhin das Lied »Siehste wohl, da kimmt er …«, und Winfried schmiss die Geranien, die vor dem Schlafzimmerfenster in Kästen angebracht waren, im hohen Bogen aus dem Fenster, wenn er mitbekam, dass Eleonore sie vorher gegossen hatte.

Ich habe ihn selbst mal dabei beobachtet, es damals als Neunjähriger allerdings überhaupt nicht verstanden.

So wurde durch die Beschäftigung mit Tieren eine unerträgliche Situation zwischen Menschen doch noch zum Guten gewendet.

DIE GESCHICHTE VOM ZAPPEL-PHILIPP

WARUM EIN AQUARIUM BEI ADHS HELFEN KANN

Seht, ihr lieben Kinder, seht,
wie's dem Philipp weiter geht!
Oben steht es auf dem Bild.
Seht! Er schaukelt gar zu wild,
bis der Stuhl nach hinten fällt.
Da ist nichts mehr, was ihn hält.
Nach dem Tischtuch greift er, schreit.
Doch was hilft's? Zu gleicher Zeit
fallen Teller, Flasch' und Brot.
Vater ist in großer Not,
und die Mutter blicket stumm
auf dem ganzen Tisch herum.

HEINRICH HOFFMANN

Meiner Generation wurde in der Kindheit das Buch *Der Struw-welpeter* des Arztes und Psychiaters Heinrich Hoffmann oft vorgelesen. Und sicher finden sich zum Teil sehr grausame Geschichten darin, die den Kindern zur Abschreckung dienen sollten. So ist es vielleicht kein Wunder, dass das Buch später eher verpönt war und vielen Eltern als ein Zeugnis »schwarzer Pädagogik« galt.

Ich möchte ehrlich sein: Mir gefiel das Buch. Ich fand die Geschichten lustig, und meine Mutter konnte sie mir gar nicht oft genug vorlesen! Besonderen Spaß hatte ich an der Geschichte vom Zappel-Philipp, und wenn meine Familie wohlgesittet am Mittagstisch saß, reizte es mich schon immer wieder einmal, diese Geschichte nachzuspielen. Doch bei meinem strengen Vater hätte das mächtigen Ärger gegeben, und so ließ ich es lieber bleiben.

Das Phänomen »Zappel-Philipp« ist weitverbreitet und als ADHS-Krankheit in aller Munde, denn es gehört heute zu den häufigsten psychischen Störungen in der Kindheit und betrifft hauptsächlich Jungen (laut Kinder- und Jugendpsychiatrie Köln). ADHS steht für Aufmerksamkeits-Defizit-Hyperaktivitäts-Störung. Die Störung bleibt in der Regel lebenslang bestehen, besonders dann, wenn sie nicht als solche erkannt und behandelt wird.

Ich möchte hier die Leidensgeschichte von Thomas, dem Zappel-Philipp, erzählen, dem Sohn einer langjährigen Patientin.

Thomas, ein sehr hübsches Kind, war schon als Säugling und Kleinkind auffällig. Er schrie viel, fuhr immer mit dem Kopf hin und her, sein buntes Mobile über dem Bett interessierte ihn überhaupt nicht, und er schlug unwillig nach der Spieluhr, die sanfte Musik von sich gab.

Thomas konnte schon sehr früh laufen, wobei er aber immer rastlos umherlief, sich fortwährend den Kopf, die Arme und die Schultern stieß. Und obwohl er die schönsten Spielsachen besaß, hatte er keine Lust, damit zu spielen. Meistens warf er sie in der Gegend herum oder machte sie kaputt.

Seine Mutter hatte sehr viel Geduld mit ihm. In der ersten Zeit hatte sie sogar ihren Beruf aufgegeben, um sich ganz dem Sohn zu widmen. Sicher war es auch dieser Tatsache zu verdanken, dass Thomas sehr früh und sehr gut sprach. Der Vater betrachtete seinen Sohn hingegen argwöhnisch, er schrie den Kleinen oft an, schlug ihn und wollte ihn sogar einsperren, wenn er wieder einmal undefinierbare Laute von sich gab und wild herumrannte. Doch das konnte die Mutter verhindern.

Auf dem Spielplatz fiel Thomas durch sein aggressives Verhalten auf, er stieß Kinder von der Schaukel oder von der Rutsche. Oft warf er sogar Steine nach anderen Kindern, und die Mutter musste mit ihm den Spielplatz verlassen.

Langsam verzweifelte sie, und dann wurde bei Thomas endgültig ADHS diagnostiziert. Die Kinderärztin verordnete Verhaltens- und Familientherapie und Medikamente. Letzteres lehnte die Mutter ab, da sie so viel Negatives darüber gelesen hatte.

Thomas wurde normal eingeschult, und das Drama ging weiter. Seine geringe Frustrationstoleranz, seine Wutausbrüche und das ständige Stören im Unterricht brachten die Lehrerin an den Rand des Nervenzusammenbruchs, schließlich hatte sie noch 25 andere Kinder in der Klasse. Egal, ob Strenge oder Milde – nichts half, einige Male wurde Thomas sogar ein Schulverbot erteilt.

Dann ein Glücksfall: Die Großeltern zogen in die Nähe und versprachen, ihrer Tochter zur Seite zu stehen. Während

Thomas' Vater sich enttäuscht von seinem Sohn zurückzog, widmete sich der Großvater seinem Enkel umso intensiver. Er war jetzt in Rente, hatte seinen Betrieb verkauft und viel Zeit.

Thomas mochte seinen Großvater, denn der war eigentlich der Einzige, der ihm positiv begegnete. Was hieß, dass er ihn nicht immer mit Misstrauen betrachtete und schon die nächste Katastrophe erwartete. Im Gegenteil, er war geduldig und freundlich. Fast täglich besuchte er Thomas, spielte mit ihm, machte mit ihm die Hausaufgaben und holte ihn zu gemeinsamen Unternehmungen ab. Sie bauten ein Baumhaus im Garten, gingen schwimmen, fuhren Rad, besuchten den Zoo und das Aquarium.

Thomas auffälliges Verhalten war dadurch nicht verschwunden, er war weiterhin sehr unruhig, oft aggressiv, auch gegen sich selbst, und schrie unmotiviert. Doch der Großvater blieb gelassen. »Ich habe eine Baufirma mit über dreißig Mitarbeitern geleitet, und das war auch nicht immer einfach, das könnt ihr mir glauben. Da werde ich doch wohl mit diesem Bürschchen fertig werden.« Der Großvater war ein kluger Mann und hatte sich im Vorfeld bereits mit dem Krankheitsbild intensiv auseinandergesetzt.

Vor allen Dingen der Besuch im Aquarium faszinierte Thomas. Lange saß er auf der Bank davor und beobachtete aufmerksam die farbenprächtigen kleinen und großen Fische. Wirkte das Dahingleiten der Fische ein wenig beruhigend auf Thomas?

»Ich hätte so gerne auch ein Aquarium, Opa. Meinst du, Papa und Mama erlauben es? Ich verspreche euch, ich werde mich auch immer um das Becken, die Fische und die Pflanzen kümmern.«

Tatsächlich erlaubten die Eltern es. Es wurde ein großes Aquarium mit wunderschönen Fischen angeschafft. Doch im Vorfeld kam es noch einmal zu einem heftigen Wutausbruch, denn Thomas wollte das Aquarium unbedingt in seinem Zimmer aufstellen, was der Vater strikt ablehnte. »Wir wollen alle etwas davon haben«, meinte er. Man einigte sich dann auf das Esszimmer als Standort.

Thomas hielt sein Versprechen, er saß oft lange vor seinem Aquarium, beobachtete seine Fische und lauschte dem leisen Blubbern der Pumpe. Er schmiedete Pläne, welche Fische und Pflanzen noch hineinpassen könnten, erkundigte sich, welches Futter das beste sei, und noch vieles mehr.

In der Klasse erzählte Thomas von seiner Errungenschaft, hin und wieder durfte er auch einzelne Mitschüler einladen, die dann ebenso fasziniert von dem Aquarium waren. Sein Ansehen in der Klasse wuchs langsam.

Natürlich war Thomas nicht geheilt, aber man hatte mithilfe des geduldigen, ideenreichen Großvaters, einer Familientherapie und den vielen bunten Fischen eine Verbesserung in dem auffälligen Verhalten erzielt.

Heute ist Thomas ein erwachsener Mann, den Unruhe, Ungeduld und Konzentrationsschwäche immer mal wieder einholen.

Aber dank einer verständnisvollen Lebensgefährtin und eines Berufs, der ihn ausfüllt, kann er ein weitgehend zufriedenes Leben führen. Immer noch besitzt er ein Aquarium, jetzt nur viel größer und mit wunderschönen exotischen Exemplaren.

URSULA UND IHRE KATZE

DIE GESCHICHTE EINER AUSSERGEWÖHNLICHEN FREUNDSCHAFT

Die Katze ist das einzige vierbeinige Tier,
das dem Menschen eingeredet hat, er müsse es erhalten,
es brauche aber dafür nichts zu tun.

KURT TUCHOLSKY

Eine Geschichte aus meiner Kindheit darf in diesem Buch nicht fehlen. Sie spielt in der unmittelbaren Nähe unseres Zuhauses, nämlich in der Nachbarwohnung eines Mehrfamilienhauses im Musikerviertel von Bonn.

Wie konnte es ein junger Mensch schaffen, trotz widriger Umstände später ein glückliches Leben zu führen? Waren es die gesunde Konstitution oder die späteren glücklichen Umstände, oder war es womöglich Lilly, eine dreifarbige Katze. Dazu muss man wissen: Tricolore oder Schildpattkatzen gelten weltweit als Glücksbringer – absolut zu Recht, denn sie machen ihrem Namen alle Ehre! Die dreifarbigen Katzen sind eine wahre Freude, verspielt und kinderfreundlich. Ich glaube mittlerweile, dass alles zusammen eine große Rolle spielte.

Familie Odenthal wohnte gleich gegenüber. Die Frau, Rita, war Hausfrau und ihr Mann, Karl, Verwaltungsangestellter bei der Stadt. Damals kannte ich die ganze Geschichte der Familie noch nicht, ich erfuhr sie erst später von meiner Mutter. Die Ehe von Rita und Karl schien so weit glücklich, nur wollte sich kein Nachwuchs einstellen, sodass das Ehepaar beschloss, ein zwei Monate altes Mädchen zu adoptieren. Sie nannten es Ursula, und Rita war überglücklich.

Ursula entwickelte sich zu einem sehr hübschen, lebendigen Kind mit großen dunklen Augen, die neugierig in die Welt guckten. Die Eltern waren ganz vernarrt in die Kleine und verwöhnten sie sehr.

Fünf Jahre waren vergangen, da wurde Rita, was wie ein Wunder schien, doch noch schwanger. Sie bekam einen Sohn, und von heute auf morgen begann Ursulas Leidensweg.

Rita wurde ungeduldig mit Ursula. Im ganzen Haus hörte man, dass sie mit dem Kind nur noch schrie und es auch schlug, doch keiner griff ein oder stellte Rita zur Rede. Schon vor der Geburt des Geschwisterchens musste Ursula ihr schönes Kinderzimmer räumen und bekam das kalte Mansardenzimmer unter dem Dach. Unsere Hausgehilfin wohnte gleich in dem Zimmer nebenan, und so bekam ich als kleiner Junge eine Menge mit, ohne etwas zu verstehen, auch war es mir streng verboten, mich unter dem Dach aufzuhalten.

Ursula saß oben in ihrem Zimmer und schaute aus dem geöffneten Fenster hinunter in die blühenden Gärten. Plötzlich entdeckte sie etwas Ungewöhnliches: Eine große, mehrfarbige Katze schlich über das graue Dach, blieb vor dem geöffneten Fenster stehen und sah Ursula an.

»Komm rein«, rief Ursula, und sofort sprang die Katze zu ihr ins Zimmer und dann aufs Bett. Überglücklich streichelte Ursula das Tier und gab ihm den Namen Lilly. Sie sprach mit der Katze wie zu einer Freundin. In ihrem kleinen Puppenwagen bereitete sie Lilly ein warmes Bettchen, das sofort akzeptiert wurde. Und Ursula beschloss, keinem etwas von ihrer neuen Freundin zu erzählen, denn sie war sich sicher, dass die Eltern entschieden dagegen waren. Ab und zu, wenn ich mich wieder einmal nach oben geschlichen hatte, öffnete sie die Tür und ließ mich rein.

Tatsächlich bemerkte niemand Ursulas Freundschaft mit der Katze, und auch ich hielt meinen Mund. Das Gezeter ihrer Mutter ertrug sie tapfer, sie half Rita fleißig und wartete nur auf den Moment, in dem sie endlich in ihr Zimmer geschickt wurde.

Die Situation unten in der Wohnung wurde von Tag zu Tag schrecklicher. Rita begegnete ihrer Adoptivtochter immer genervter, schimpfte fortwährend und verbannte sie stundenlang in das Mansardenzimmer. Nur zu gerne hätte sich Ursula auch mit ihrem kleinen Bruder beschäftigt, doch das wurde ihr strikt verboten. Rita konnte Ursulas Anblick kaum ertragen – den Grund erfuhr ich erst viel später: Je mehr Zeit verging, wurde Rita immer klarer, dass Ursula die uneheliche Tochter ihres Mannes sein musste. Und auch die Nachbarn meinten spitz: Die Kleine sieht aber ihrem Vater sehr ähnlich. Die Ähnlichkeit war tatsächlich nicht zu übersehen, so meine Mutter. Herr Odenthal trennte sich von seiner Frau, besuchte die Familie nur sporadisch und überließ seine leibliche Tochter ihrem Schicksal.

Ursulas Traurigkeit verging nur, wenn sie ihr Zimmer betrat. Denn dort wartete zum Glück schon Lilly vor dem Fenster auf sie. Lilly besuchte Ursula jeden Tag. Sie wurde mit Milch und Haferflocken gefüttert, machte es sich im Puppenwagen gemütlich, in dem sie im Zimmer herumgefahren wurde. Ursula sang Schlaflieder, und Lilly schloss die Augen und schlief ein.

Ursula hatte ihrer Mutter vorgeschlagen, dass sie nun ganz alleine ihr Zimmer aufräume, putze und ihr Bett beziehe. So konnte sie fast sicher sein, dass Rita das Zimmer nicht betreten würde. Und so war es auch.

Kurze Zeit später hatte Ursula eine Idee. Sie wollte Lilly malen, und so entstanden zahlreiche wunderschöne Bilder: Lilly auf dem Dach, Lilly vor dem Fenster, Lilly auf dem Bett, Lilly im Puppenwagen, Lilly beim Fressen usw. Ursula dekorierte die Wände mit ihren Werken, und falls die Mutter sie darauf ansprechen sollte, würde ihr schon etwas Passendes einfallen.

Lange wurde Ursulas Geheimnis nicht entdeckt.

Allmählich verlor ich das Interesse an Ursula und ihrer Katze, und natürlich spielte ich lieber mit gleichaltrigen Jungen Fußball.

Doch dann wurde in der Wohnung unten die Situation immer dramatischer. Frau Odenthal rief Ursula zu sich. Sie berichtete ihr von ihrer bevorstehenden Trennung und eröffnete ihrer fast sechsjährigen Tochter, dass man eine Pflegefamilie für sie finden müsse, denn die Einschulung stehe bevor, und bei Rita könne sie nicht bleiben.

Für das Kind brach eine Welt zusammen, nicht wegen der Familie, sie dachte nur an Lilly.

Jetzt erst kam Ursula der Gedanke nachzuforschen, wem Lilly eigentlich gehört, denn von ihrem kleinen Mansardenfenster aus auf die zahlreichen Dächer um sie herum war nicht zu erkennen, wohin Lilly immer verschwand. Ursula ging von Haus zu Haus, fragte nach der bunten Katze, und tatsächlich fand sie heraus, wem Lilly gehörte.

Die Besitzerin war eine ältere Dame, und ihr erzählte Ursula ihr ganzes Leid. Die alte Dame hatte Verständnis für das Kind und setzte sich dafür ein, dass Ursula die Katze mit in die Pflegefamilie nehmen durfte. Die Pflegefamilie, ein Lehrerehepaar mit drei weiteren Kindern aus dem Hunsrück, zeigte viel Einfühlungsvermögen für das Kind und ihre Katze Lilly. So fanden beide eine neue Heimat. Ursula durchlief die Volksschule und das Gymnasium problemlos, sie studierte in Köln und wurde Lehrerin.

Den Kontakt zu ihrer Mutter und ihrem Bruder brach sie nie ab, ihren Vater sah sie allerdings nicht wieder. Ursula konnte den Schmerz darüber, dass er die Familie und sie alleine zurückgelassen hatte, niemals vergessen.

Ursula erhielt ein Stipendiat in Kanada, lernte dort ihren späteren Mann kennen und wanderte aus. Ein Bild, das ihr für immer im Gedächtnis blieb, war das der tricoloren Katze Lilly.

DAS WUNDER VON MANDERSCHEID

ODER KÖNNEN KÄLBER HEILEN?

Selbst aus Gift macht Milch die Kuh,
Gift aus Milch die Schlange:
Hältst du andern etwas zu,
Sieh, wer es empfange!

AUS DEM SANSKRIT

Diesen Brief schrieb meine Großnichte an ihre Freundin:

Hallo Johanna!   *August 2019*

Wie geht es dir?

Ich bin gerade mit meinen Großeltern in der Eifel auf ei-
nem Bauernhof. Eigentlich ist es gar kein richtiger Bauern-
hof. Alle 270 Kühe stehen in einem riesigen Stall, wo alles
automatisch ist. Die Kühe dürfen gar nicht auf die schönen
Wiesen ringsherum. Die armen Tiere!!! Weißt du, was meine
Schwestern und ich vorgestern einfach gemacht haben, als

Oma und Opa mit dem Bauern und seiner Frau ins Dorf gefahren sind? Wir haben das riesige Tor und die Absperrung geöffnet und alle Kühe auf die Wiese gelassen.

Die haben sich mächtig gefreut und tobten ausgelassen herum.

Alle genossen die Freiheit. Natürlich haben wir mordsmäßigen Ärger bekommen. Der Bauer und mein Opa sind total ausgeflippt und wollten die Ferien sofort abbrechen. Aber meine Oma hat uns irgendwie verstanden und zu uns gehalten. Zur Strafe müssen wir jetzt helfen, die Ferienwohnungen zu putzen. Es hat dann einen Tag und die halbe Nacht gedauert, bis alle Kühe wieder im Stall waren. Das ganze Dorf hat geholfen. Eigentlich war das eine Riesengaudi.

Was gibt es bei dir Neues? Ich freue mich, wenn wir uns bald wiedersehen.

Liebe Grüße von Sophie

Mein Bruder verbrachte mit seiner Frau und den drei Enkeltöchtern die Sommerferien auf einem modernen Bauernhof in Manderscheid in der Eifel. Da ich schon lange nicht mehr in der Eifel gewesen war, beschloss ich, die Familie dort zu besuchen. Auch freute ich mich auf die schönen Wanderwege bei Manderscheid – den Burgenstieg oder den Lieserpfad.

Der Hof war umgeben von saftigen Wiesen, und in der Ferne konnte man die Berge der Eifel erblicken. Allerdings wunderte ich mich bei meiner Ankunft auf dem Hof, dass keine Tiere auf den schönen Wiesen grasten, ich hatte Rinder,

Pferde oder Schafe erwartet. Das Einzige, was ich entdecken konnte, war eine weitab gelegene riesige Stallanlage.

Meine Familie und auch der Bauer begrüßten mich herzlich. Und meine ersten Worte waren: »Der Hof liegt ja wunderschön, doch ich vermisse die Tiere.«

»Wir haben heute hauptsächlich Milchwirtschaft, und die Milchkühe stehen dort drüben in dem großen Gebäude«, erklärte der Bauer, »nur die trächtigen Kühe befinden sich in dem Stall hinter unserm Wohnhaus. Gleich daneben ist der neue Kälberstall. Die jungen Rinder haben wir auf den Weiden des Nachbarn untergebracht.«

Früher, so lernte ich, konnte die Bauernfamilie von 27 Kühen leben, heute brauchte sie 270 Tiere, um über die Runden zu kommen. Wären da nicht noch die beiden Ferienwohnungen gewesen, hätte der Hof längst aufgegeben werden müssen. »Alles läuft jetzt automatisch ab, die Fütterung, das Melken, der Abtransport des Kuhmists. Mit dem wird übrigens unten im Ort das Sanatorium geheizt. Das bringt uns zusätzlich etwas Geld.«

Ich konnte den Bauern natürlich verstehen, aber als ich mir den riesigen vollautomatischen Kuhstall ansah, war ich doch erschüttert: Hier gab es nichts als Technik, während ringsherum die schönsten Weiden lagen, die jedoch keine einzige Kuh genießen durfte.

Die Bäuerin gesellte sich zu uns, und gemeinsam besuchten wir anschließend den hellen Kälberstall. Die Neugeborenen standen links vom Gang, die älteren Kälber auf der rechten Seite. Jedes Tier besaß eine große Box, alles war blitzsauber. Bevor wir eintraten, mussten wir die Hände desinfizieren, einen Kittel überziehen und dann über eine Matte mit Desinfektionsmittel laufen. Auf dem Hof meines Onkels hatte ich so etwas früher nicht erlebt. Als wir den Stall betraten, wurden einige Tiere unruhig und sprangen wild herum, die ganz jungen Kälbchen – so schien es mir jedenfalls – schauten mich mit großen traurigen Augen an.

Die Enkeltöchter durften den Kälbchen die Flasche geben, und sie taten das voller Freude und mit Sorgfalt. Ein Kälbchen leckte einem Kind voller Inbrunst die Hände, schon rief meine Schwägerin: »Sophie, das erlaube ich nicht, wir wissen doch gar nicht, ob die Tiere Krankheitskeime oder sonst was im Maul haben!«

»Ich muss Ihnen etwas erzählen«, unterbrach die Bäuerin. »Vor einiger Zeit hatte ich plötzlich an beiden Händen schlimme entzündliche Veränderungen. Und das über Wochen. Die Hände schmerzten so sehr, dass ich kaum meine tägliche Arbeit verrichten konnte. Ich war zum Beispiel nicht mehr in der Lage, täglich die Ferienwohnungen zu reinigen, dazu der Stress, wenn die Feriengäste wechselten oder wenn Beschwerden kamen. Es wurde immer unerträglicher mit meinen Händen. Natürlich war ich bei verschiedenen Ärzten, zuletzt sogar in der Universitätshautklinik in Köln. Doch trotz der Salben, trotz diverser Lotionen mit und ohne Cortison, trotz aller Tabletten wurde nicht die geringste Besserung erzielt.«

Dann aber kam unerwartet Rettung für die Bäuerin. Die Tochter, die bis dahin für die Kälber zuständig war, verließ den Hof, um eine Ausbildung zu beginnen. Für die Ferienwohnungen wurde nun dauerhaft eine Hilfe aus dem Dorf eingestellt, und die Mutter übernahm von der Tochter die verantwortungsvolle Aufgabe der Kälberpflege.

»Unter anderem muss ich den Kälbern die Flasche geben, und die gerade geborenen Kälbchen streichele ich besonders gerne. Sie saugen dann an meinen Fingern und lecken meine

Hände ab. Das tut mir und ihnen gut, und ich lasse sie gewähren.«

Einige Tage nach Arbeitsbeginn im Kälberstall betrachtete die Bäuerin vor dem Schlafengehen ihre Hände. Das Ekzem schien besser zu werden, es schmerzte und juckte auch weniger. Die Bäuerin war regelrecht aufgeregt. Sollte sie tatsächlich das Heilmittel gegen die entzündlichen Hautausschläge gefunden haben? Befindet sich im Speichel der neugeborenen Kälbchen vielleicht ein Stoff, der Ekzeme heilen kann?

»Ein Wunder! Nach ungefähr zwei Wochen Arbeit im Kälberstall waren meine Hände geheilt. Und das sind sie bis heute.«

Als Arzt interessierte mich die Geschichte natürlich sehr. Von so einer »Kälbertherapie« bei Hauterkrankungen hatte ich noch nie gehört und konnte es auch kaum glauben. Kurz darauf erzählte ich einem befreundeten Hautarzt von meinem Erlebnis auf dem Bauernhof. Er war wie ich der Ansicht, dass die Entzündungen an den Händen durch den Stress mit den Ferienwohnungen und den oft schwierigen Gästen ausgelöst worden waren. Doch im Kälberstall konnte die Bäuerin endlich in aller Ruhe ihre Arbeit verrichten und die sanften Berührungen der Kälbchen genießen. Diese Entspannung hatte schließlich zur Heilung geführt.

Nun befand ich mich natürlich in einer Zwickmühle. Sollte ich die Sache auf sich beruhen lassen oder doch noch einmal auf den Hof in die Eifel fahren, um die Bäuerin aufzuklären?

Zum Glück entschied ich mich für Letzteres, denn die Bäuerin hatte in Manderscheid bereits eifrig Reklame für ihre »Kälbertherapie« gemacht. Und sie hat recht. Denn das »Wunder von Manderscheid« existiert auf jeden Fall. Es verbirgt sich in der geheimnisvollen Beziehung zwischen Mensch und Tier.

VINUR UND FAXI

ZWEI ISLANDPONYS UND IHRE FREUNDE AUS DER JUGENDPSYCHIATRIE

Diese Pferde scheinen mir zum Hofe notwendig; mein Rat ist, dass sie so viel, als sie können, zum Nutzen der Leute arbeiten sollen, bis sie infolge Alters nicht länger leben können; aber dieser Hengst scheint mir nicht besser als andere Pferde, eher um so viel schlechter, als vieles Unheil durch ihn verursacht worden ist. Ich will nicht, dass noch mehr Totschläge durch ihn veranlasst werden, als schon seinetwegen geschehen sind; es wird daher billig sein, dass der ihn in Empfang nehme, dem er gehört.

HRAFNKELS SAGA

Vinur und Faxi sind zwei Islandponys, robuste Kleinpferde, zäh, genügsam und mit einem ausgesprochen sozialen Charakter. Ihre Tage verbringen sie meist auf einem Paddock, einem graslosen befestigten Auslauf, der an eine Weide angrenzt und hinter dem sich Wald erstreckt. Außerdem gibt es noch einen großen Unterstand, der Vinur und Faxi vor Hitze, Kälte und

Regen schützt. Der offene Stall ist stets mit frischem Stroh ausgelegt. Eine der beiden Eigentümerinnen der Ponys ist Frau Krahl. Ihr gehört Vinur, was in Island »Freund« bedeutet. Und Faxi (»der mit der Mähne«) ist der Name eines Pferdes der nordischen Götter.

Frau Krahl ist Lehrerin in einer Krankenhausabteilung für Kinder- und Jugendpsychiatrie. Sie hat es mit einer schwierigen Schülerschaft zu tun, mit Mädchen und Jungen zwischen vierzehn und siebzehn Jahren, die hier auf oft unbestimmte Zeit stationär aufgenommen und auch unterrichtet werden. Im Klassenraum sitzen Sonderschüler neben Hauptschülern und Gymnasiasten: Unterschiedliche Lebenswelten, soziale Erfahrungen, Bildungskarrieren treffen aufeinander. Ein stabiler Klassenverband kann nicht entstehen, die Schüler kommen und gehen. Sie sind Opfer von sexueller Gewalt oder stammen aus zerrütteten Familien, sie leiden unter Drogen- oder Magersucht, unter Psychosen, Jugendschizophrenie oder Autismus. Nähe zuzulassen und Bindungen einzugehen, fällt ihnen schwer, macht ihnen Angst. Und auf Schule haben die meisten sowieso keinen Bock. In dieser Gemengelage brauchen die Lehrer Geduld, Verständnis und starke Nerven.

Frau Krahl unterrichtet Biologie und Deutsch. Wie ihre Kollegen in den übrigen Fächern muss sie je nach Wissensstand der Schüler gleichzeitig verschiedene Inhalte anbieten. Zum Beispiel Biologie: Die einen beschäftigen sich schon mit Genetik, die andern lernen noch »Unsere Tierwelt«. Doch diejenigen, die etwas über Genetik lernen sollen, haben dazu natürlich keine Lust und behaupten lautstark, dass die Tierwelt sie viel mehr interessiere. Schließlich wird ein Kompromiss geschlossen: Einmal in der Woche nehmen alle Schüler am Unterricht über Tiere teil. Ein erfolgreicher Plan. Die älteren

Schüler helfen den jüngeren bei Recherchen oder Aufsätzen und finden mit ihnen immer neue Geschichten oder Bilder. Die Welt der Tiere macht allen Spaß, egal, welche Wunden oder Verletzungen ihre Seelen haben.

In jedem Jahr veranstaltet die Kinder- und Jugendpsychiatrie ein Sommerfest mit Lehrern, Erziehern, Therapeuten und Ärzten. In diesem Jahr hat Frau Krahl eine ganz besondere Idee. Sie plant, die beiden Islandponys zum Krankenhaus zu bringen und die Kinder und Jugendlichen auf ihnen reiten zu lassen. Das große Gelände ist dazu bestens geeignet. Die Klinikleitung erteilt die Erlaubnis, und am Tag des Sommerfestes werden die Ponys mit einem Anhänger abgeholt.

Schon in der Woche zuvor geht es im Unterricht um Islandpferde, auch Isländer oder eben Islandponys genannt, da sie selten größer als 138 Zentimeter Stockmaß und kaum schwerer als 380 Kilogramm werden. Doch die kleinen Pferde sind so robust, dass nicht nur Kinder und Jugendliche, sondern auch Erwachsene auf ihnen reiten können. Es waren die Wikinger, die vor über tausend Jahren ihre Pferde auf ihrer gefährlichen Fahrt über die Nordsee nach Island brachten. Diese nervenstarken Ahnen der heutigen Islandpferde passten sich schnell an die rauen Verhältnisse auf der Insel an und entwickelten sich im Laufe der Zeit zu trittsicheren Reitpferden. Islandpferde sind selbstständige Herdentiere und überleben harte Winter, Hungerzeiten und Vulkanausbrüche. Zu allen Zeiten standen sie dem Menschen als Partner bei der Feldarbeit, der Ernte und dem Transport von Gütern wie Fisch, Holz, Heu oder Steinen treu zur Seite. Bis sich nach dem Zweiten Weltkrieg auch in Island das Auto durchsetzte, trugen die kleinen Pferde den Menschen von einem Ort zum nächsten, durch Lavawüsten, Eis und Sand.

Islandpferde gehören zu den Gangpferden, da sie nicht nur über die Grundgangarten Schritt, Trab und Galopp verfügen, sondern zusätzlich über die genetisch fixierte Gangart Tölt. Viele Isländer verfügen zudem über die Gangart Pass. Der Tölt (und seine Varianten Paso, Walk, Rack und Marcha) sind für den Reiter besonders angenehm. Im Gegensatz zu Trab und Galopp hat Tölt keine Schwebephase, sondern ist eine gelaufene Gangart. Der Reiter sitzt fast erschütterungslos auf einem locker schwingenden Rücken.

Über Jahrhunderte hinweg wurde das Islandpferd in seiner Heimat in Gedichten und Liedern besungen. Und die isländische Sagenwelt steckt voller Geschichten über Pferde, die ein Symbol für Reichtum oder Objekt heftiger Begierde waren. Lars, einer der Schüler von Frau Krahl, wird im Internet fündig und präsentiert seinen Mitschülern die wohl berühmteste isländische Pferdegeschichte, die Hrafnkels saga.

»Einar, ein junger Bauernsohn, nimmt bei dem Freysgoden Hrafnkell auf Adalbol, gelegen im Osten Islands, eine Arbeit als Hirte an. Hrafnkell, der Herr und Herrscher, hatte geschworen, jeden töten zu lassen, der auf seinem Hengst Freyfaxi reiten würde. Als dem jungen Hirten eines Tages ein Teil der Schafherde entläuft, setzt er sich trotz des Verbotes auf das Pferd Freyfaxi und wird zur Strafe erschlagen. Traurig und zornig macht sich Einars Vater Porbjörn auf den Weg zu Hrafnkell, um seinen Sohn zu rächen. Hrafnkell belächelt Porbjörns Mut, ihn, den wohlhabenden, einflussreichen Goden, aufzusuchen. Trotzdem bietet er ihm eine materielle Wiedergutmachung an. Ein Angebot, das Porbjörn voller Verachtung ausschlägt. Mithilfe seines Bruders und seines Neffen bringt er Hrafnkell zum Thing, also zu einer Gerichtsversammlung. Doch Hrafnkell wird nicht bestraft. Der Vater gibt resigniert auf, nur sein Bruder verfolgt die Klage weiter. Nicht um der Gerechtigkeit willen, sondern weil er sich einen persönlichen Profit verspricht. Das Gericht tagt erneut, und nun bekommt der Neffe recht. Er dürfte Hrafnkell töten. Stattdessen vertreibt er ihn von dessen Hof und stößt Freyfaxi, den Hengst, der Einar zum Verhängnis wurde, von den hohen Klippen ins Meer. Hrafnkell wird nach diesen Ereignissen ein guter, ehrenhafter Mensch, der seine Tat bereut und auf anständige Weise neues Ansehen und neuen Reichtum erlangt, aber früh an einer schweren Krankheit stirbt.«

Im Anschluss an Lars' Vortrag entsteht in der Klasse eine lebhafte Diskussion über Gerechtigkeit und Unrecht damals und heute. Schließlich entwickelt Frau Krahl mit ihren Schülern noch einen Plan für die Organisation des Reitens während des Sommerfestes.

Diejenigen, die keine Angst vor Pferden haben, wollen die Islandponys mit den Kindern führen, andere bieten sich an, die Pferdeäpfel aufzusammeln und zu entsorgen. Zwei Schülerinnen haben die Idee, Informationszettel über Islandponys und ihre Besonderheit zu drucken, eine weitere Schülerin will die ganze Aktion fotografieren. Georg, ein siebzehnjähriger Asperger-Autist, erklärt sich bereit, eine To-do-Liste zu erstellen. Darauf stehen zum Beispiel: Bons anfertigen, den Reitweg abgrenzen, Aufsichtspersonen bestimmen, den Rettungsdienst informieren und vieles mehr. So eifrig hat Frau Krahl ihre Schüler noch nie gemeinsam planen und arbeiten sehen. Von den sonst vorherrschenden Auffälligkeiten ist in dieser Woche kaum etwas zu spüren.

Die Lehrerin ist aufgeregt. Hoffentlich klappt alles! Vinur und Faxi sind Jubel und Trubel nicht gewohnt, eine lärmende Kinderschar ist ihnen fremd. Zur Sicherheit schleppt sie den

Bauern, bei dem die Ponys auf der Weide stehen, mit zum Sommerfest. Ein vertrauter Mensch, der die beiden kleinen Pferde notfalls beruhigen kann.

Die Ankunft der Pferde ist die Sensation.

Frau Krahl ist erstaunt, wie ruhig Vinur und Faxi bleiben. Sonst erschrecken sie schon bei einem Reh, das über den Reitweg springt, und galoppieren im rasenden Tempo davon. Hier schauen sie nur neugierig in die Runde der Kinder, lassen sich von ihnen streicheln, nehmen vorsichtig die Möhren, die ihnen hingehalten werden, und sind kein bisschen aufgeregt. Auch die Organisation ist perfekt. Das Führen der Pferde mit den verschiedenen Reitern und Reiterinnen im Sattel verläuft reibungslos. Und alle Kinder verhalten sich vorbildlich. Sie bilden eine Schlange, warten geduldig, es gibt weder Streit noch Geschrei. Eigentlich unfassbar. Nur der Bauer, der vom Kuchenbuffet aus alles beobachtet, findet das Ganze »total normal«. Es seien eben den Menschen zugewandte Islandponys! Vinur und Faxi haben ein Wunder vollbracht, der Aufwand hat sich gelohnt.

Den Schülern von Frau Krahl gehen Vinur und Faxi nicht mehr aus dem Kopf, sie haben Feuer gefangen und drängen auf einen Ausflug zu den Ponys. Selbst Georg will daran teilnehmen, obwohl er Freizeitaktivitäten meist aus dem Weg geht. Frau Krahl lässt sich von der Begeisterung anstecken, und bald werden mit Erlaubnis und Hilfe der Station mehrere Fahrten zu den Ponys unternommen. Auf dem Paddock, auf der Weide, auf den Reitwegen im Wald scheinen die Schüler vorübergehend alle ihre Probleme vergessen zu haben. Es wird gemistet, neu eingestreut, geputzt, gesattelt, abwechselnd geritten, geführt, abgesattelt, gefüttert und getränkt. Glückliche Gesichter entschädigen Frau Krahl für jede Mühe. Und der

Bauer, der ab und zu mit seinem Traktor vorbeikommt, sagt später zu der Lehrerin: »Ich weiß wirklich nicht, wieso Ihre Schüler in der Klapse sind.«

Dann geht Frau Krahl in Pension. Doch vorher kann sie noch einen nahe liegenden Hof mit Islandpferden dafür gewinnen, alle drei Wochen einen Pflege- und Reitnachmittag für interessierte Schüler der Jugendpsychiatrie zu veranstalten.

KOHLEKINDER IN AMAGÁ

VON DER HELDENTAT
EINES MUTIGEN HUNDES

*Vor allen Kindern, die uns begegnen, sollten
wir uns tief und ehrfurchtsvoll verneigen; sie
sind unsere Herren, für sie arbeiten wir.*

LUDWIG BÖRNE

Der Held dieser Geschichte ist Companero, ein schwarz-weiß-
grauer Hund, ein kräftiger Kreole. Diese Mischlingshunde,
Nachfahren der verschiedenen Hunderassen, die einst von den
Spaniern für Hunderennen nach Kolumbien gebracht wurden,
sind zäh und schnell und haben einen enormen Überlebens-
instinkt. Auch für diejenigen, die sie beschützen sollen. Com-
paneros Geschichte spielt in Amagá. Die Gemeinde mit ihren
rund 30 000 weit verstreut lebenden Einwohnern und einem
kleinen dörflichen Zentrum liegt in einer abgeschiedenen Berg-
landschaft Kolumbiens, etwa vierzig Meilen von Medellín entfernt. Seit Jahrhunderten wird hier auf primitive Weise Kohle
abgebaut. Neben dem Kaffeeanbau ist die Kohle der wirtschaft-
liche Hauptzweig des Ortes.

Durch die Vermittlung eines Salesianer-Paters aus Medellín gelang es mir Anfang der 2000er Jahre gemeinsam mit Pater Oerder, einem deutschen Salesianer, das von paramilitärischen Einheiten abgeriegelte Gebiet von Amagá zu besuchen. Die Paramilitärs sollten – auch im Auftrag von internationalen Energiekonzernen – jeglichen Widerstand gegen die unmenschlichen Zustände in den Kohleminen verhindern.

Gewerkschafter oder Fremde hatten damals keinen Zutritt. Die einzige Zufahrtsstraße für die Region von Amagá wurde von stark bewaffneten Männern mit grimmigen Gesichtern kontrolliert. Die Salesianer galten aber nicht als Bedrohung. Sie leisteten in Kolumbien wichtige Sozialarbeit, vor allem für Kinder, und hielten sich aus politischen Konflikten heraus.

»Keine Fotos«, wurden wir zwar von den Bewaffneten angeblafft, doch dann konnten wir weiterfahren. Im Dorf begrüßten uns viele magere und ärmlich gekleidete Kinder. Es fiel auf, wie munter und fröhlich sie miteinander spielten. Paola war alleinerziehende Mutter von fünf Kindern. Ihr Mann war wenige Monate nach der Geburt der jüngsten Tochter an einer Kohlenstaublunge gestorben. Sie selbst hatte als Kind in den »illegalen« Kohleminen geschuftet und kannte die versteckten Orte, wo immer noch geschürft wurde. Wobei »illegal« nur bedeutete, dass der Kohleabbau hinter dem Rücken der Energiekonzerne stattfand.

Paolas vierzehnjährige Tochter Luisa zeigte uns den Weg zu einer der Minen. Wir fuhren über einen kleinen, holprigen Bergpfad mit zahlreichen Schlaglöchern in eine unbesiedelte Gegend. Gut getarnt lag der Eingang der Mine hinter Bäumen und dichtem Strauchwerk: eine vorsintflutliche Förderanlage mit Dieselmotor, Holzschienen und einer provisorischen Lore.

»Wollt ihr mitfahren?« Luisa, ihr kleiner Bruder und zwei Freunde stimmten sofort zu und fuhren mit mir und dem kolumbianischen Salesianer-Pater in den vielleicht 100 Meter langen Stollen schräg nach unten. Spärliche Beleuchtung, schlechte Belüftung und Hitze vermittelten mir, wie diese Arbeit die Kinder belasten muss. Am Boden der Mine dann der grob behauene, etwa sechzig Zentimeter hohe Eingang zum Stollen, der nur für Kinder kriechend gangbar war. Was mussten Kinder durchleiden, wenn sie im Flöz die Kohle aus den notdürftig gesicherten Wänden herausschlugen und mühsam zurück zum Eingang des Stollens schleppten? Über ihre Verletzungen, Krankheiten und tödlichen Unfälle wurde offiziell nie berichtet. Ihre körperlichen und seelischen Qualen waren viele Jahre ein Tabuthema.

Nachdem ich alles fotografiert hatte, ging es langsam zurück. Plötzlich erloschen die trüben Lampen, und die Lore blieb stehen. Minuten vergingen, und die Kinder begannen ängstlich zu weinen. Mich überfiel große Sorge um die Kinder. Schließlich trug ich die Verantwortung. Ich versuchte sie abzulenken, begann zu singen, klatschte rhythmisch in die Hände, und das Weinen verstummte.

Nach einigen weiteren Minuten, die mir wie eine Ewigkeit erschienen, bewegte sich die Lore wieder, und wir kamen zurück an den Eingang des Stollens. Ich war schweißgebadet. »Estupido, Estupido!«, warf Pater Oerder uns (dem kolumbianischer Mitbruder und mir) vor. – Die Kinder lachten und wichen mir nicht mehr von der Seite, bis wir wieder bei Paola ankamen und die Kinder aufgeregt von unserem Abenteuer berichteten.

Paola schaute die Patres und mich lange an, und zögernd begann sie zu erzählen: Nachdem ihr Mann vor sieben Jahren gestorben war, gab es keine Wahl. Ihre Tochter Luisa musste ein Jahr lang in der Kohlemine Geld verdienen. Paola trainierte den Hütehund der Familie, den ihr Mann Companero getauft hatte. Er sollte lernen, Luisa und andere Kinder auf dem Weg zur Mine zu begleiten. Bald hatte der Hund verstanden, dass die Gruppe stets zusammenbleiben musste. Während Luisa und die anderen Kinder in die Mine einfuhren, wartete Companero mehrere Stunden am Stolleneingang, bis die Kinder wieder zurückkamen. Dann sprang er freudig bellend um die Kinder mit ihren rußgeschwärzten Gesichtern herum und ließ sie auf dem Heimweg nicht aus den Augen. Wieder zu Hause bekam Companero sein Gelosina, einen Knochen oder ein Stück Brot, als Belohnung.

An einem Tag drohte eine Katastrophe, der Motor der Fördermaschine fiel aus. Der vollkommen verzweifelte Mechaniker geriet in Panik und rief Companero mehrfach zu: »A casa, a casa!« Der Hund zögerte, lief dann aber die Strecke alleine zurück und blieb winselnd vor der Tür von Paolas Hütte liegen. Paola war sofort klar, dass etwas Schlimmes passiert sein musste. Geistesgegenwärtig rief sie einen alten Mechaniker von einem der großen Kohlebergwerke zu Hilfe, und beide eilten voller Sorge zur Mine, der Hund laut bellend und immer wieder vor- und zurücklaufend an ihrer Seite. Der Dieselmotor konnte von dem alten Mechaniker schnell wieder in Gang gebracht werden, und die Kinder wurden gerettet. Companero wurde zum Helden des Dorfes. Und Paola hat ihre Tochter danach nie wieder in die Mine geschickt.

Kurze Zeit später erhielten die Salesianer den Auftrag der Regierung, in Amagá ein Hilfswerk mit Schul- und landwirtschaftlicher Ausbildung für die Kinder der Region aufzubauen. Heute gehen dort rund 700 Kinder zur Schule.

Übrigens: Paola hat ihren Companero, er wurde achtzehn Menschenjahre alt, bis zu seinem Tod gepflegt. Sein Grab hinter der Hütte ziert ein kleines Kreuz.

DAS KATZENPARADIES

DIE HEILSAME KRAFT
DER STUBENTIGER

Das Leben und dazu eine Katze, das
gibt eine unglaubliche Summe.

RAINER MARIA RILKE

Seit Wochen fühlte sich Frau Seiler schlapp. Zunächst führte sie ihre nachlassende Tatkraft auf Überarbeitung zurück, seit vielen Jahre leitete sie das Jugendamt. Sie wurde krankgeschrieben. Dann entwickelten sich Atemnot und immer wieder heftiges Nasenbluten. Als eines Morgens starke Schmerzen in der linken Flanke auftraten, suchte sie voller Panik ihren Hausarzt auf, der sie sofort zu uns ins Johanniter-Krankenhaus überwies.

Blass, schmal und sehr verzagt saß Frau Seiler vor mir. Nach ihrer genauen Schilderung der Vorgeschichte und Beschwerden musste es eine ernste Erkrankung sein.

»Ich habe so ein komisches Gefühl in meiner Flanke, und dann die heftigen Schmerzen beim Atmen, ich glaube, es geht zu Ende.«

»Ihre Sorge kann ich gut verstehen«, versuchte ich sie zu beruhigen. »Wir werden jetzt so schnell wie möglich versuchen, alles zu klären.«

Beim genauen Hinsehen waren winzige flohstichartige Blutungen an den Händen, am Hals, in der Mundhöhle und den Innenseiten der Bindehaut der Augen zu erkennen. Beim vorsichtigen Abtasten des Bauchs fiel die sehr druckempfindliche und vergrößerte Milz auf. Beim Abhören des linken Oberbauchs mit dem Stethoskop hörte man atemabhängig ein Reibegeräusch. Die Ultraschalluntersuchung bestätigte den Verdacht eines Milzinfarktes. In einem solchen Fall ist Eile geboten. Ein Blick ins Mikroskop bestätigte dann die Diagnose einer chronischen lymphatischen Leukämie. Angstvoll erwartete Frau Seiler das Ergebnis der Untersuchungen.

Ich erklärte ihr behutsam, dass es sich um eine ernste Erkrankung handele.

»Es ist eine Bluterkrankung, doch der Krankheitsverlauf ist in der Regel sehr langsam. Mit einer entsprechenden Therapie können Sie lange überleben.«

Nach mehreren Bluttransfusionen und der Verabreichung von Medikamenten hatten wir die Krankheit im Griff und konnten Frau Seiler in die bewährten Hände ihres Hausarztes entlassen. Wir vereinbarten ein neues Gespräch nach vier Wochen. Und wir rieten ihr dringend, die anstrengende Arbeit mit dem regen Publikumsverkehr wegen der hohen Infektionsgefahr aufzugeben und in Rente zu gehen. Für unsere Patientin schien eine Welt zusammenzubrechen. Wir schrieben das entsprechende Gutachten, und Frau Seiler wurde tatsächlich mit 55 Jahren Frührentnerin.

Die weitere Therapie verlief ohne Komplikationen. In den begleitenden Gesprächen konnten wir Frau Seiler davon überzeugen, dass die Entscheidung, den Beruf aufzugeben, die richtige war.

Lange hörte ich nichts von Frau Seiler, dann erschien sie überraschend in unserer Ambulanz. Bei der Anmeldung befürchtete ich das Schlimmste. Hatte ich zu viel versprochen?

Ich betrat das Wartezimmer, um sie in mein Sprechzimmer zu bitten. Ein etwas strenger Geruch schlug mir entgegen. Irgendwie roch es in dem Wartezimmer nach Katze, merkwürdig!

Ich begrüßte Frau Seiler und meinte: »Oh, Sie sehen aber sehr gut aus, das Rentendasein scheint Ihnen wirklich zu bekommen.«

»Doch, mir geht es gut«, meinte sie. »Sie wissen ja, dass ich ungern in Rente gegangen bin, denn ich hing an meiner Arbeit.«

Und dann sprudelte es nur so aus ihr heraus: »Auf einmal hatte ich viel Zeit und beschloss, mein Hobby, die Züchtung von edlen Perserkatzen, zu intensivieren. Ich gehe mit ihnen auf Ausstellungen, habe schon mehrere Preise gewonnen, verkaufe auch die kleinen, doch nicht ohne mir vorher ihr neues Zuhause angesehen zu haben. Wollen Sie nicht mal vorbeikommen und sich mein Katzenparadies ansehen?«

Zuerst zögerte ich, Katzen waren nicht so sehr meine bevorzugten Tiere, doch zum Glück fiel mir in diesem Augenblick ein, dass meine Nichte Sarah immer schon eine Katze haben wollte. Wäre so eine Edelkatze nicht ein schönes Geburtstagsgeschenk? Nachdem ich das Einverständnis meiner Schwester eingeholt hatte, machte ich mich tatsächlich nur wenig später mit Sarah auf, um Frau Seiler und ihr vermeintliches Katzenparadies aufzusuchen.

Frau Seiler wohnte in einer schönen, waldreichen Umgebung auf der anderen Rheinseite, ihr kleiner Bungalow lag am Abhang inmitten eines großen Gartens.

Schon am Gartentor waren Katzenabbildungen aus Holz, Keramik, Stein usw. angebracht. An den Zweigen des Baums neben dem Haus klirrte ein nicht zu übersehendes Katzenmobile im Wind, an der Haustür klebten ebenfalls zahlreiche Katzenbilder.

Meine Nichte, damals zwölf Jahre alt, jubelte laut, ich fand das Arrangement eigentlich etwas übertrieben. Dann öffnete Frau Seiler die Tür und bat uns herein.

Ich traute meinen Augen nicht, alle Türen bis auf die zum Badezimmer waren ausgehängt, und in den einzelnen Räumen lagen die wunderhübschesten Exemplare von Perserkatzen auf Kissen, Liegen, kleinen Tischen, Kratzbäumen – und zwar in allen Größen, in den Farben Weiß, Orange, Silbergrau, sowohl einfarbig als auch mehrfarbig. Sie hatten eindrucksvolle Augen: groß und rund in Blau oder Grün.

Alle Katzen, es waren mit Sicherheit 25, wenn nicht mehr, waren sehr gepflegt, ihr langes Fell glänzte, eine war schöner als die andere.

Stolz präsentierte Frau Seiler ihre Katzenschar, nannte die Namen, den Stammbaum und noch vieles mehr. So munter und glücklich hatte ich sie vorher noch nie erlebt. Auch hinter dem Haus hatte sie alles umzäunt und verdrahtet, damit die edlen Geschöpfe einen angemessenen Auslauf mit Bäumen und Büschen hatten. Dort lief gerade stolz ein großes dreifarbiges Exemplar herum, das mir besonders gefiel. Diese Katze hätte ich am liebsten mitgenommen, und ich erkundigte mich nach ihr.

»Das ist Odin, mein teuerster Zuchtkater, überall in Deutschland bekannt und mit vielen Auszeichnungen versehen.«

Voller Begeisterung schilderte sie mir alles über ihre Katzenzucht und über ihre Erfolge und Preise bei Ausstellungen.

Ich bestaunte die zahlreichen Medaillen und Zertifikate, die an den Wänden hingen. Frau Seiler blühte immer mehr auf. Ich bewunderte das Engagement und die Kompetenz bei einem Menschen, der vor längerer Zeit vollkommen seinen Lebensmut verloren hatte.

Nur der sehr strenge Geruch in diesem Haus war ein gewisses Problem für mich, besonders, als wir auch noch zu Kakao und Kuchen eingeladen wurden. Aber das konnte ich beim besten Willen dieser glücklichen Patientin nicht abschlagen.

Meine Nichte schien das nicht zu stören, sie schaute sich alle Katzen genau an, die Frau Seiler hergeben würde. Sie suchte sich dann ein kleines weißgraues Katzenkind mit großen, weit auseinanderstehenden blauen Augen aus.

Als ich den Preis erfuhr, zuckte ich etwas zusammen, doch ich hatte es Sarah versprochen. Frau Seiler registrierte sofort mein Erstaunen und klärte mich auf:

»Ich verdiene nichts an meinen Tieren. Pflege, Futter, Tierarztkosten usw. verschlingen Unsummen. Zum Teil zahle ich sogar drauf. Aber das tue ich gerne, diese Tiere sind mein ganzes Glück und halten mich am Leben.«

Es war ein erfolgreicher Nachmittag für uns, nur an den Namen unserer Errungenschaft mussten wir uns gewöhnen, er lautete: Daphne von und zu Heidebergen.

뿌리가 흙은 나무와 같은게

흘들리지 아니하므로

깊이 숨고향에 가만이 얼린화

천구백구십구년

이 영욱

REISKUCHEN
FÜR EINEN TOTEN

WIE EIN HUND EIN LEBEN RETTETE

Ein Baum mit tiefen Wurzeln
Wiegt sich im Wind
Widersteht dem Sturm.
Aus der Tiefe treibt Kraft Seine schöne Blüte.
Kostbare Früchte
Aus Herz und Güte.

ALTE KOREANISCHE WEISHEIT (1430)

Reisen nach Korea sind für meine Frau und mich immer etwas ganz Besonderes. Vor vierzig Jahren hat sie ihre Heimat verlassen. Doch die Sehnsucht nach der großen Familie und auch Heimweh sind ihr geblieben. Und leider bietet sich nur selten die Gelegenheit, die weite Reise nach Südkorea anzutreten. Vor allem in den letzten Jahren, bedingt durch die Pandemie.

Für mich sind diese Reisen stets ein kleines Abenteuer, ein „inneres" Abenteuer. Durch ihre kundige Führung durch das Land habe ich viel Neues gesehen, kennen- und schätzen gelernt. Eine zunächst ferne Welt hat sich aufgetan, eine, die gerade auf

Europäer so fremd wirkt. Es ist nicht nur die Hauptstadt Seoul mit dem Königspalast, den Museen, den Tempeln und den zahlreichen anderen Sehenswürdigkeiten, die mich begeistern, es sind auch die unzähligen Gärten mit ihren einzigartigen Lotusteichen und die großen Parks – alles in den schönsten Farben strahlend.

Wenn wir in Seoul sind, verbringen wir die meiste Zeit mit den Geschwistern, Schwägern und Schwägerinnen meiner Frau. Oft begleiten uns auch die zahlreichen Nichten und Neffen auf Tagesausflügen in die nähere und weitere Umgebung.

Auf jeder Reise besuchen wir eine entfernte Verwandte, Jeon, zu der alle immer noch eine besondere Beziehung haben. Die Geschwister verbrachten oft unsere Ferien bei ihr und ihrer Familie.

Jeon wohnt oben in den Bergen, einem beliebten Ausflugs- und Wandergebiet, auch bekannt durch die Bergfestung Namhansanseong, die der legendäre König Onjo von Paeche angeblich gegen seine Feinde hat bauen lassen.

Nicht nur die Natur um uns herum begeistert mich immer wieder, sondern auch das wunderschöne großzügige Hanok-Haus, das Jeons Familie bewohnte. Das Hanok ist ein traditionelles Haus, das hauptsächlich aus natürlichen Materialien wie Holz, Stein und Lehm gebaut ist und somit im Einklang mit der Natur steht. Die Familie meiner Frau dagegen wohnte damals schon in einem riesigen Hochhauskomplex in der Stadt. Hier Jeons Geschichte:

Zur Familie von Jeon gehörte ein mittelgroßer Mischlingshund, mit dem wir gerne herumtollten. Das war für uns etwas Besonderes, denn wir konnten in unserer Wohnung im achten Stock keinen Hund halten, obwohl wir lange darum bettelten.

Dann starb plötzlich Jeons Mann Minho.

Jeon war sehr traurig, und der Hund Mia wollte es einfach nicht wahrhaben, dass sein Herrchen nicht mehr da war. Tagelang lief er immer wieder in jedes Zimmer und suchte nach Minho. Er durchstreifte den Garten, die Umgebung und saß stundenlang vor dem Haus, das Minhos bestem Freund gehörte. Niedergeschlagen kehrte er heim, legte sich vor die Haustür und gab zeitweise herzzerreißende Laute von sich.

Trotz ihrer eigenen großen Trauer war Jeon um Mia sehr besorgt. Sie bereitete ihr Lieblingsfressen zu, legte zwei Wolldecken, die ihrem Mann gehörten, neben ihren eigenen großen Sessel. Und tatsächlich wurde der neue Liegeplatz von Mia angenommen. Jeden Tag besuchten sie gemeinsam Minhos Grab, und langsam schien Mia sich mit der Situation abzufinden.

Nun war Jeon das Haus nach dem Tod ihres Mannes viel zu groß geworden. Die Kinder hatten wie ich ihr Glück in der Fremde gesucht und gefunden. Und wenn Jeon auch in ihrem Dorf viele Freunde und Bekannte hatte, war sie doch recht einsam. Allein Mia konnte ihr noch Trost in dem leeren Haus spenden.

Endlich beschloss Jeon, eine junge Familie aufzunehmen. Mit dabei die fünfjährige Tochter Sora, und damit kam wieder Leben in das Haus. Jeon war überglücklich, ebenso ihr Hund Mia, denn nun hatten beide eine Aufgabe. Jeon hütete oft die Kleine, die sie sogar Halmeoni nannte, was auf Deutsch Oma heißt, und Sora hatte mit Mia eine lebhafte Spielkameradin gefunden.

Täglich besuchte Jeon mit Mia die eine halbe Stunde entfernte Grabstätte, in der ihr Mann und ihre Ahnen ruhen, tauschte verwelkte Blumen aus und stellte neue auf das Grab.

Nun ist in Korea der erste Tag im Monat immer ein besonderer Tag. Es gehört zu den buddhistischen Ritualen, den Abend zuvor einen Reiskuchen zu backen und dabei ein Zwiegespräch mit den Verstorbenen zu führen. Jeon nahm das zum Anlass, zu ihrem Mann zu sprechen und ihm auch über Neuigkeiten zu berichten: »Gestern hat Mi aus Singapur angerufen, es geht ihr gut. Unsere beiden Enkel sind weiterhin sehr gut in der Schule, und Seojun hat sogar einen Musikpreis gewonnen. Mi wird sich sicher auch bald aus Berlin melden.«

Wieder war der Erste des Monats, und Jeon bereitete am Vorabend den traditionellen Reiskuchen zu. Am nächsten Morgen machte sie sich mit ihrer Hündin Mia und dem Reiskuchen auf, um die Grabstätte zu besuchen. Auf dem Weg dorthin – auch das ein koreanischer Brauch – brach sie die Hälfte des Kuchens in kleine Stücke und verteilte diese an die Nachbarn, die ihr begegneten. Am Grab angekommen, schaute sie auf den Baum, den sie damals am Todestag ihres Mannes gepflanzt hatte. Auf dem Grabstein stand eine alte koreanische Weisheit:

Ein Baum mit tiefen Wurzeln
Wiegt sich im Wind
Widersteht dem Sturm.
Aus der Tiefe treibt Kraft Seine schöne Blüte.
Kostbare Früchte
Aus Herz und Güte

Sie hielt inne, Tränen in den Augen, und las den Spruch. Sie aß ein Stück des Kuchens. Den Rest verteilte sie in ganz kleinen Brocken um das Grab herum und sprach:

»Bitte gib uns Gesundheit, Zufriedenheit und Glück für die Kinder, die Enkel und die Familie Yoon! Auch für Mia, sie ist ja nicht mehr die Jüngste!«

Während Jeon versunken vor dem Grab stand, beobachtete Mia still die Vögel, die in der Zwischenzeit die Kuchenbröckchen aufpickten. Als alle Bröckchen aufgepickt waren, stieß Mia Jeon leise an, und beide machten sich auf den Heimweg.

Plötzlich, an einer schmalen, engen Stelle des unebenen nassen Weges, es hatte die Nacht vorher geregnet, rutschte Jeon aus und fiel auf den Rücken. Mia lief sofort zu ihr, bellte laut, doch niemand war schon so früh in der einsamen Hügellandschaft unterwegs. Endlich bekam Jeon wieder Luft, sie hatte unerträgliche Schmerzen und flüsterte ihrem Hund zu: »Mia, lauf nach Hause! Hol Frau Yoon!«

Mia lief los, und Frau Yoon erzählte später, dass sie gerade vor dem Haus kehrte, als Mia laut bellend angerast kam.

Unentwegt habe der Hund an ihrem Kleid gezerrt, und sie habe sofort geahnt, dass irgendetwas mit Jeon passiert sein musste. Die Nachbarn wurden alarmiert, und Mia führte die Gruppe – einige kräftige Männer waren auch dabei – zur Unglücksstelle. Vorsichtig trugen die Männer Jeon ins Dorf und bestellten einen Krankenwagen.

Im Krankenhaus stellte sich heraus, dass es drei Rippenbrüche waren. Das hätte gefährlich werden können, wenn nicht dank Mia sofort Hilfe gekommen wäre. Denn eine gebrochene Rippe hatte die Lunge verletzt. Hier war es zu einer Blutung in dem Brustraum gekommen. Es drohte ein kompletter Kollaps der Lunge, eine lebensgefährliche Komplikation bei Rippenbrüchen.

Sofort wurde Jeon operativ eine Drainage in den Brustkorb gelegt. Und schon nach wenigen Tagen hatte sie sich wieder erholt und konnte aus der Klinik entlassen werden.

Mia hatte in der Zeit leise wimmernd Tag und Nacht vor dem Haus ihres Frauchen gelegen. Das Fressen einer besorgten Nachbarin rührte sie nicht an. Noch lange erzählte man den Kindern in Mias Dorf von ihrer Treue und dem Freudengeheul bei Jeons Heimkehr.

DER PAPAGEI VON NAXOS

DIE GESCHICHTE VON COCCO UND JANNIS UND IHRER WUNDERBAREN SYMBIOSE

Ein Papagei versteht nicht,
aber er behält, was man ihm vorsagt.

Gotthold Ephraim Lessing

Unsere Fähre näherte sich langsam. Der Meltemi, der Schön-
wetterwind, wehte sanft; ein Fischerboot kehrte vom nächtlichen Fang zurück, und im Morgendunst tauchte schemenhaft
die Insel auf: Naxos. Solche stillen Momente sind voller künf-
tiger Erinnerungen. Bilder der Landschaft, Geschichten und
Begegnungen »an den Küsten des Lichts«, wie es der Autor Peter
Bamm formulierte. Beim Anlegemanöver im Hafenstädtchen
Naxos ein erster Blick auf die weiß getünchten würfelförmigen
Häuser, die in der Sonne schimmerten. Das Schiff wurde von
den zahlreichen Wartenden freudig und lautstark begrüßt. Am
Ende des Kais hockte ein Bettler auf einem Steinklotz, neben
ihm ein sehr großer, angerosteter Käfig, auf dem ein grauer
Papagei mit weißem Gesicht und einem leuchtend hellroten

Schwanz saß. Eine verbeulte Blechdose diente als Sammelbüchse. Der Bettler trug einen zu großen und ausgefransten Strohhut, sein Gesicht im Schatten verborgen. Fiel eine Münze in die Büchse, nickte er kurz. Der Papagei krächzte »Danke« und wünschte einen »Guten Morgen« oder rief »Chlomó prósopo!«: »Du Bleichgesicht!«

Ich blieb einen Augenblick stehen und beobachtete die beiden interessiert, nicht ohne vorher eine Münze in die Büchse geworfen zu haben. Es war sehr heiß, und der Bettler setzte seinen Papagei in den Käfig, ließ aber die Tür offen und spannte als Sonnenschutz einen mühsam geflickten Schirm über das Tier. Nun konnte ich das braun gebrannte und wettergegerbte Gesicht des Mannes gut sehen.

Am späten Nachmittag machte ich mich auf den Weg zu Wassili. Seine kleine Taverne hatte ich einige Jahre zuvor bei meinem ersten Besuch auf Naxos kennengelernt. Und seither war ich bei jeder Naxos-Reise ein regelmäßiger Gast. Die Taverne lag etwas versteckt in einer kleinen Gasse. Wassili, der Wirt, kochte selbst; seine Frau und die beiden Töchter bedienten. Hier herrschte stets eine ungezwungene, fröhliche Atmosphäre. Die Speisen waren gut, und nach wiederholten Besuchen gehörte man fast zur Familie. Der Gast durfte einen Blick in Wassilis Reich werfen und sich sein Gericht am Herd aussuchen. Schnell waren Wassili und ich ins Gespräch gekommen: »Viele Jahre im Ruhrpott Koch, Taxifahrer und auf dem Bau Maloche, woll«, sagte er mit einem verschmitzten Lächeln. Das alte Haus in der Gasse hatte er geerbt, mit Freunden umgebaut und sich damit einen Traum erfüllt. Gelegentlich erschien in der Taverne ein Freund mit seiner Bouzouki und begleitete Wassili und seine sanfte, dunkle Stimme bei alten Volksliedern, die man nur noch selten zu hören bekommt. Bald brodelte die Stimmung, und zum Schluss sangen die einheimischen Gäste alle mit.

An diesem frühen Abend war es noch ruhig in der Taverne von Wassili. Eine seiner Töchter stellte gerade kleine Vasen mit frischen Blumen auf die Tische vor der Taverne, und die Familie begrüßte mich mit großem Hallo: »Willkommen Doktor, wir haben schon auf Sie gewartet.« Ich suchte mir einen schönen Tisch und bestellte gleich ein Glas Retsina, auf den ich mich schon sehr gefreut hatte. Dann sah ich zu meiner großen Überraschung, dass der Bettler vom Hafen mit seinem Papagei die Gasse herunterkam und ganz selbstverständlich vor Wassilis Taverne Platz nahm. Den rostigen Käfig mit dem Papagei stellte er auf einen Stuhl neben sich, die alte Blechdose kam auf den Tisch, und schließlich nahm der Mann seinen Strohhut ab. Zum Vorschein kam ein dichter grauer Haarschopf, der fast bis auf die Schultern reichte. Ich war gespannt, was jetzt passieren würde.

Wassili kam sofort heraus, begrüßte den Bettler herzlich und brachte ihm ein Glas Rotwein und einen Teller mit Oliven und Käse. Der Papagei erhielt ein Stück trockenen Kuchen, den er ganz vorsichtig und genussvoll verspeiste. Die Tochter stellte ihm anschließend noch eine Schale mit Sonnenblumenkernen in den Käfig. Ich staunte. »Das ist Jannis«, raunte mir Wassili bei Gelegenheit zu.

Kurz darauf kam Leben in die kleine Gasse vor der Taverne. Es hatte sich wohl herumgesprochen, dass bei Wassili nicht nur die Küche gut war. Die Tische waren im Nu besetzt. Und alle Aufmerksamkeit galt dem jetzt munteren und redseligen Papagei. Die meisten Erwachsenen steckten bei ihrer Ankunft schnell ein paar Münzen in Jannis' Dose; die Kinder drängelten sich um den Käfig und schleckten gleichzeitig an ihrem Eis, das sie vorher bei Wassili gekauft hatten. So konnten ihre Eltern in Ruhe essen und trinken.

»Cocco mou, Cocco mou«, riefen die Kinder. Sie johlten vor Vergnügen, wenn der Papagei Melodien pfiff oder seinen Namen krächzte oder lustige Schimpfworte. Er imitierte auch Geräusche aus dem Hafen und konnte nach einem Ouzo rufen. Der Bettler setzte Cocco auf seinen Käfig und streichelte ihn. Was den Kindern Freude machte, ihnen aber auch ein wenig Scheu einflößte. Ein kleines Mädchen versuchte, dem Papagei ihren Namen beizubringen: »Anastasia! Anastasia! Anastasia!« Doch der Name war Cocco auf die Schnelle wohl zu schwierig. Als sich ein deutscher Tourist in kurzen Hosen und mit dicker Zigarre energisch dem Papagei näherte, um ihn mit einem Schälchen Oliven zu füttern, versteckte Cocco seinen Kopf in den Federn. Ob ihn wirklich nur der Qualm gestört hatte? Mit einer abwehrenden Geste forderte Jannis den Touristen auf, sich zu entfernen. Der zog beleidigt davon. Wassilis Töchter, die die Szene aus der Nähe beobachtet hatten, konnten sich kaum ihr Lachen verkneifen.

Ich genoss den Abend in der Taverne in vollen Zügen.

Am nächsten Tag, es war um die Mittagszeit, besuchte ich Wassili erneut. Wir tranken einen Kaffee, und Wassili erzählte mir die Geschichte seiner beiden Stammgäste. Jannis, auf Naxos geboren, war bis vor zwanzig Jahren Teilhaber eines Kutters gewesen. Er hatte jahrelang als Fischer im Norden der Kykladen gearbeitet und dann unter Alkohol eine Schiffshavarie verursacht. Der Beginn seines sozialen Abstiegs. Jannis wurde verurteilt, verlor alle Ersparnisse und zog sich auf seine Heimatinsel zurück. Hier schlug er sich mit Gelegenheitsarbeiten durch und hauste am Rande eines Nachbardorfes in

einem fast zerfallenen Schuppen, den ihm eine alte Frau groß-
zügig zur Verfügung gestellt hatte. Xenia, so der Name der
Frau, besaß einen afrikanischen Graupapagei, der ihr einige
Jahre zuvor von einer Tierschutzorganisation in Pflege gegeben worden war. Damals hatte Cocco einen gebrochenen
Flügel, war schlecht gepflegt und aggressiv. Außerdem war er
ein Rupfer, er riss sich also seine eigenen Federn aus. Dafür
kann es viele Gründe geben – chronische Infektionen, Parasi-
tenbefall oder, meistens, psychische Probleme wie Angst oder
Einsamkeit. Xenia brachte viel Geduld und Liebe für ihren
Schützling auf, denn auch sie war einsam und brauchte einen
Gefährten. Es wuchs eine gegenseitige Freundschaft. Graupapageien sind äußerst intelligent und besitzen eine große Fähigkeit zur Empathie.

Im Dorf erzählte man sich, dass Xenia ihren Papagei uner-
müdlich streichele, ihm langsame melancholische Liebeslieder
vorsinge und ihn mit vielfältigen Leckereien füttere: Knospen
und Blüten, Gemüse, Obst oder Nüsse standen auf dem Spei-
seplan für Cocco. Der Name Xenia bedeutet übrigens »die
Gastfreundliche«. Langsam erholte sich der Papagei. Der gebrochene Flügel heilte, Cocco fasste Vertrauen, wurde ruhiger, rupfte sich nur noch selten. Und er begann zu sprechen.
Wann immer man an dem kleinen Haus von Xenia vorbeilief,
konnte man sie mit dem Papagei reden hören, mal zärtlich,
mal energisch. Sie wiederholte einzelne Wörter wie Vokabeln,
sie rezitierte und deklinierte, erzählte Geschichten aus dem
Dorf, pfiff und summte, schnalzte und grunzte. Wenn Cocco
antwortete oder ein Wort wiederholte, lachte Xenia mit einem
fröhlichen Glucksen, und Cocco lachte mit. »Cocco mou«
war die große Freude der alten Frau. Oft sah man Cocco auch
um das kleine Haus fliegen, auf dem Grundstück drumherum

hatte Xenia Holz und Papier gestapelt, damit Cocco es zerhacken oder zerbeißen konnte.

Als Jannis den Schuppen neben Xenias Haus bezog, waren Xenia und Cocco längst eine verschworene Gemeinschaft. Während Xenia den neuen Untermieter schon bald an jedem Abend zum Essen rief, betrachtete Cocco Jannis als unerwünschten Eindringling. Er schnappte nach ihm, wenn sich Jannis näherte, und wenn Xenia sich mit Jannis unterhielt, unterbrach Cocco sie mit Kreischlauten und schrillen Pfiffen. Es dauerte Monate, bis Cocco Jannis akzeptierte. Für ein kleines Stück Schokolade ließ er sich schließlich sogar auf Jannis Schulter setzen. Die drei wurden so etwas wie eine kleine Familie, in der man sich gegenseitig Geborgenheit schenkte.

Nach dem Tod der alten Frau erbte Jannis das Haus und den Papagei. Xenia hatte verfügt, dass Jannis für ihren Cocco sorgen solle. Was dieser gerne tat. Er wollte seinen Freund nicht mehr missen. So wurde der Papagei Jannis' ständiger Begleiter, und mit ihm zusammen stiegen die Einnahmen am Hafen. Wegen Cocco warfen die Menschen besonders gerne Geld in die Blechbüchse. Der Papagei schien zu wissen, was sein Publikum besonders amüsierte. Mal pfiff er eine Melodie, mal krächzte er hintereinander alle Schimpfworte, die er am Hafen aufgeschnappt hatte, und junge Frauen begrüßte er mit »schönes Mädchen« oder mit einem »Ich liebe dich!«, dem er ein glucksendes Lachen folgen ließ. Cocco liebte es, im Mittelpunkt zu stehen.

In Wassilis Taverne, in der Jannis eines Tages gemeinsam mit Cocco auftauchte, waren die beiden stets willkommen. Wassili erkannte schnell, dass der Papagei die Gäste anzog. Und Jannis war ruhig und freundlich und hatte stets ein Lächeln um die Augen. Er liebte Wassilis Taverne, weil sie abseits der Touristenströme in der kleinen Gasse lag und meist nur von Einheimischen besucht wurde. Wassili versorgte Jannis mit sauberen alten Sachen, und die Dusche im Hinterhof war nicht nur ein Angebot, sondern Pflicht. Jannis und Cocco gehörten bald zum Inventar der Taverne.

Ich verbrachte noch manchen vergnüglichen Abend dort. Schweren Herzens nahm ich am Ende meines Urlaubs Abschied von Naxos und nahm mir vor, bald wiederzukommen. Ich war gespannt, ob »Cocco mou« auch meinen Namen lernen würde. Zeit genug würde ja bleiben. Graupapageien werden in menschlicher Obhut bis zu sechzig Jahre alt.

DIE SCHNECKENTHERAPIE

DIE ENTDECKUNG DER
LANGSAMKEIT FÜR AUTISTEN

Immer langsam, immer langsam
Ohne Sang und ohne Klang
Geht die Schnecke ihren Gang.

AUGUST HEINRICH HOFFMANN VON FALLERSLEBEN

Eines Tages erhielt ich folgende Antwort auf meine E-Mail:

Annegret Bauer
Leiterin des Heilpädagogischen Zentrums
Barmherzige Schwestern

Sehr geehrter Herr Professor!

Meine Mitarbeiter und ich haben uns sehr über Ihre E-Mail
gefreut. Zeigt sie doch, dass auch renommierte Leute großes
Interesse an unserer heilpädagogischen Einrichtung hier im
Taunus haben.

Wir waren der überregionalen Zeitung sehr dankbar, dass sie einen Bericht über unsere Einrichtung in ihrem Magazin brachte. Wir sind natürlich in der psychiatrischen Ärzteschaft und Kliniken bekannt, doch die allgemeine Bevölkerung weiß wenig über die verschiedenen Autismusarten und ihre Behandlung.

Wir laden Sie herzlich ein, unser Zentrum zu besuchen.

Viele Grüße
Annegret Bauer

Eine Woche vorher hatte ich den interessanten Artikel entdeckt. Er beschreibt den Behandlungserfolg bei Autisten mithilfe von Weinbergschnecken.

»Autismus«, so die Internationale Klassifikation psychischer Störungen (ICD10), »ist eine tief greifende Entwicklungsstörung, und die Betroffenen haben große Beeinträchtigungen im sozialen und emotionalen Bereich. Sie weisen starke Bindungsstörungen und stereotype Verhaltensmuster auf, und hinzu kommen Phobien, Zwänge, Schlaf- und Essstörungen, Aggressionen, Wutausbrüche und Selbstverletzung.«

Bei an Autismus Erkrankten könne jedes Intelligenzniveau vorkommen, wobei die Symptome umso gravierender seien, wenn eine schwere Intelligenzminderung vorliege. »Diese Entwicklungsstörung manifestiert sich schon vor dem dritten Lebensjahr und setzt sich bis ins Erwachsenenalter fort. Autismus ist nicht heilbar.«

Für Eltern sind autistische Kinder und Jugendliche eine sehr große, oft nicht zu bewältigende Herausforderung. Es ist meistens gar nicht möglich, sie in der Familie zu behalten. Die

Eltern müssen sie, wenn auch in der Regel schweren Herzens, in eine heilpädagogische Einrichtung geben, in der sie dann die erforderlichen Therapien und Förderungen erhalten.

Ich machte mich also in Richtung Taunus auf, um das Heilpädagogische Zentrum aufzusuchen.

Die Einrichtung liegt in einer malerischen Umgebung mitten im Wald auf einem riesigen Grundstück mit Spiel- und Sportplätzen. Sie besteht aus zwei größeren Gebäuden und einigen kleineren Häusern. Umgeben ist das Ganze von einer hohen Mauer mit einem Eingangstor und einem Pförtnerhäuschen.

Frau Bauer, die Leiterin, begrüßte mich sehr herzlich, und bei einer Tasse Kaffee und einem belegten Brötchen erklärte sie mir das Zentrum.

Hier betreut sie zurzeit 35 Patienten mit der Diagnose Autismus im Alter von sechs bis sechzehn Jahren, und zwar mit unterschiedlichem Schweregrad und Intelligenzniveau. Darunter sind vier Asperger-Autisten mit einem Intelligenzquotienten von über 135! Frau Bauer berichte von ganz erstaunlichen Fähigkeiten und sprach von ihren »kleinen Einsteins«.

Bis zum Alter von dreizehn Jahren sind die Patienten in den größeren Gebäuden untergebracht, die älteren wohnen in kleinen Wohngruppen in den einzelnen Häusern.

Der Mitarbeiterstab besteht aus Heilpädagogen, Sonderpädagogen, Grundschul- und Gymnasiallehrern und Therapeuten. Ein Allgemeinmediziner aus der nahen Kreisstadt ist auch mit eingebunden, hinzu kommen die Pflege- und Haushaltskräfte.

Ich kam aus dem Staunen nicht mehr heraus.

Das Therapieangebot ist umfassend und auf dem neuesten Stand. Es wird von der Universitätsklinik wissenschaftlich begleitet. Neben psychotherapeutischen und medikamentösen Formen der Therapie bieten wir verhaltenstherapeutische Programme, Förderung von Sprachverständnis und -ausdruck, Förderung der Aufmerksamkeit, Aufbau von Imitationsverhalten, das Lernen, wenn möglich, schulischer Fertigkeiten. Das Training von Alltagsaktivitäten verfolgt ein wichtiges Ziel: das Erreichen von Selbstständigkeit. Die schwerste Aufgabe ist und bleibt das Training sozialer Kompetenzen in der Gruppe.

Neu war für mich die Schneckentherapie. Frau Bauer beschrieb mir die Gruppe, für die speziell diese neue Form der Therapie vor zwei Monaten eingesetzt wurde: drei Patienten im Alter von sechs, sieben und acht Jahren. Sie alle waren mit schweren Entwicklungsstörungen eingeliefert worden. Sie schrien Tag und Nacht, rannten unentwegt herum, bollerten gegen verschlossene Türen und kamen nicht zur Ruhe. Zunächst startete eine medikamentös Therapie, damit sie überhaupt zur Ruhe fanden. Allmählich konnten die Medikamente reduziert werden, zuletzt erhielten sie nur noch eine ganz geringe Dosis.

Die drei, die wir jetzt aufsuchten, wurden von zwei Therapeuten betreut. So lernte ich auch Tim kennen, einen Asperger-Autisten von fünfzehn Jahren. Er lebte schon vier Jahre in einer kleinen Wohngruppe. Nächstes Jahr sollte er gehen, und das Team war jetzt schon sehr traurig.

Frau Bauer führte mich über lange, helle Gänge. Ich wunderte mich, dass hier alles so kahl war, keine Bilder, keine Pflanzen, keine Sitzgruppen, nichts. Frau Bauer erklärte mir, dass auch die Therapie- oder Schulräume möglichst reizfrei sein sollten. denn die meisten Autisten reagieren verunsichert, aggressiv, rasten sogar aus, wenn zu viele Reize auf sie einströmen.

Endlich gelangten wir ans Ziel. An der Tür stand ein kleines Schild: Therapieraum 7.

Wir betraten einen größeren Raum, leer und hell, der sehr kalt wirkte. In der Mitte stand ein sehr großer, runder Glastisch mit einer niedrigen Holzumrandung und Stühlen, an der Wand befand sich ein Terrarium aus Glas.

Dann erschienen die zwei Therapeuten mit den drei Kindern und Tim. Die Kinder nahmen von uns keinerlei Notiz, setzten sich auf ihren Platz, waren jedoch etwas unruhig, oder besser aufgeregt, und schauten unentwegt Tim an. Dieser nahm drei große Weinbergschnecken, die jeweils einen andersfarbigen großen Punkt auf ihrem Gehäuse hatten, aus dem Terrarium heraus und legte sie den Kindern auf die flache Hand. Sofort beruhigten sich die drei, denn jeder hatte jetzt die Schnecke, die ihm gehörte.

Sie setzten ihre Schnecken vorsichtig auf den Glastisch und beobachteten konzentriert, wie die Tiere langsam aus ihrem Haus krochen. Ein Junge setzte sich unter den Tisch und verfolgte die Schleimspur seiner Schnecke. Es schien ihn zu interessieren, woher die kam.

In dem Raum war es mucksmäuschenstill. Jetzt reichte Tim den Kindern etwas Sand, kleine Steinchen und kleine Holzhindernisse, die diese dann auf dem Tisch verteilten. Es war sogar für mich sehr interessant, wie die Schnecken reagierten. Ich konnte gar nicht glauben, was Frau Bauer mir vorher über die drei berichtet hatte, denn ganz entspannt beobachtete jeder seine eigene Schnecke. Dann tippte der Jüngste von ihnen an die Fühler seiner Schnecke, sofort verzog sich das Tier in sein Haus, und der Kleine flatterte vor Vergnügen heftig mit seinen Händchen. Eine Schnecke wagte es, zu einem anderen Kind zu kriechen, ihr »Eigentümer« schimpfte leise vor sich hin, brachte seine Schnecke auf deren Platz zurück und wischte mit den Händen anschließend die Schleimspur weg, die zu dem anderen Kind führte. Er baute jetzt einen höheren Zaun um die Schnecke herum, damit sie nicht wieder ausreißen konnte. Und dann holte er schnell ein Salatblatt aus dem Terrarium und hielt es seiner Schnecke hin.

Wollte er sie trösten? Ich war fasziniert von dem, was ich da sah.

»Wehe, wenn ein Therapeut aus Versehen die Schnecken falsch zuordnet«, sagte Frau Bauer später. »Dann kann es passieren, dass unser Schützling ausrastet. An der Toleranz arbeiten wir noch. Doch man muss es auch positiv sehen. Tatsächlich haben unsere drei im Rahmen ihrer Möglichkeiten eine gewisse Bindung zu ihrer Weinbergschnecke aufgebaut, fühlen sich für sie verantwortlich. Sicher können wir auch die Punkte zur Kennzeichnung bald weglassen.«

Ich war auch von Tim beeindruckt. Er war ein hochgewachsener, blonder, bildhübscher Junge, und ich erinnerte mich, dass Autisten oft ein sogenanntes »prinzenhaftes« Aussehen haben. Hier passte das hundertprozentig. Tim fungierte in der Gruppe als »Assistent« und war den Therapeuten eine große Hilfe. Uns würdigte er keines Blickes.

Später erfuhr ich von Frau Bauer, dass Tim hochbegabt sei und sich eigentlich nur für Computer interessiere, diese völlig auseinandernehme und exakt wieder zusammenbaue – und das stundenlang und immer wieder. Er entwerfe sogar brauchbare Spielprogramme.

»Es war nicht einfach, ihn von seinen Computern wegzubekommen und an seine neue Aufgabe mit den Schnecken in dieser Gruppe zu gewöhnen«, so Frau Bauer. »Die Aufgabe nimmt er sehr gewissenhaft wahr und betreut das Terrarium fast liebevoll. Er reinigt das Terrarium täglich, nimmt verwelktes Gemüse heraus, legt frisches hinein und säubert die kleinen Wasserschalen und füllt sie nach.

Zwei besonders große Schnecken hat er für sich reserviert und gekennzeichnet, nur er darf sie herausnehmen und irgendwo herumkriechen lassen. Er säubert auch penibel die Glaswände des Terrariums und den Glastisch und achtet darauf, dass die richtige Raumtemperatur und Luftfeuchtigkeit herrscht.

Erstaunlich ist auch, dass die Gruppe Tim voll akzeptiert und respektiert. Wenn er mal nicht dabei ist, hat man tatsächlich das Gefühl, dass eine gewisse Trauer in der Gruppe herrscht.«

Ich erfuhr weiterhin von Frau Bauer, dass es über eine erfolgreiche Schneckentherapie zahlreiche Forschungsergebnisse gibt, zum Beispiel bei Demenzkranken und bei Kindern mit ADHS und anderen Verhaltensauffälligkeiten. Und eben bei Autisten.

Doch wie verhelfen gerade Weinbergschnecken diesen Kindern zu einem gewissen Therapieerfolg?

Schnecken kriechen nur aus ihrem Gehäuse, wenn die Umgebung ganz still ist und sie sich sicher fühlen. Für den geduldigen Beobachter ist das eine Art Belohnung. Man ist fasziniert, wie bedächtig und vorsichtig sie ihr großes schönes Haus verlassen und sich mit ihren Fühlern orientieren, wenn sie auf ihrer Schleimspur kriechen. Man hat Zeit und Ruhe, sich die Tiere in ihrer Langsamkeit genau anzusehen und zu beobachten.

Ihre äußere Erscheinung ist schon sehr bemerkenswert, es gibt immer wieder Neues an der Schnecke zu entdecken. Schnecken, und das muss man wissen und beachten, sind sehr empfindlich, man muss sehr vorsichtig sein beim Anfassen oder Berühren.

Ich habe an diesem Tag erfahren und live miterlebt, was Weinbergschnecken bei einer schweren Entwicklungsstörung bewirken können. Die Kinder kommen zur Ruhe, ihr Interesse wird geweckt, die Therapie fördert zudem ihre Konzentration, ihre Beobachtungsgabe und den vorsichtigen Umgang mit dem Lebewesen. Sie hilft sogar, allmählich eine emotionale Bindung aufzubauen und soziale Kompetenzen zu erwerben.

Auf einmal sehe ich Weinbergschnecken mit ganz anderen Augen und betrachte sie voller Respekt.

DER TAUBENZÜCHTER

VON DEN FREUDEN UND
GEFAHREN EINER LEIDENSCHAFT

Wo Tauben sind, da fliegen Tauben zu.

Sprichwort

Dr. Sondermann war ein hoher Beamter in einem Ministerium. Er erschien eines Tages wie immer in einem fein geschnittenen italienischen Anzug mit blütenweißem Hemd und dezenter, aber geschmackvoller Krawatte. Ein echter Gentleman. Allerdings wirkte sein Lächeln bei der Begrüßung in unserer Ambulanz sehr gequält: »Mir geht es seit Tagen nicht gut, Herr Professor.« Sofort wurde seine Rede von einem heftigen Hustenanfall unterbrochen. »Ich habe hohes Fieber und bin zweimal fast kollabiert«, fuhr er fort. Besorgt registrierte ich seine Kurzatmigkeit, das blass-fahle Gesicht und die leicht livide verfärbten Lippen. Die Symptome lenkten schnell den Verdacht auf eine beginnende Lungenentzündung.

»Ich bitte Sie dringend, mir gleich etwas zu geben. Ich habe in vierzehn Tagen eine wichtige Dienstreise in die USA vor.«

»Nur nichts überstürzen, Herr Dr. Sondermann Mit einer Lungenentzündung – das vermute ich – ist nicht zu spaßen. Wir müssen Sie schon stationär aufnehmen und der Sache auf den Grund gehen und entsprechend therapieren«, erwiderte ich. Etwas widerwillig war er damit einverstanden. Die Behandlung mit einem Antibiotikum war erfolgreich, und tatsächlich konnte er seine Reise antreten.

Zwei Monate hörte ich nichts von ihm. Dann erschien er wieder bei uns, aber dieses Mal in einem wesentlich schlechteren Zustand, und wir nahmen ihn sofort auf. Klinisch ließ sich schnell eine Lungenentzündung diagnostizieren. Die erforderlichen Untersuchungen auf Bakterien, Pilze und Viren hatten keine diagnostischen Hinweise ergeben. Die Ursache der wiederkehrenden Fieberschübe und die Lungenentzündung konnten wir zu diesem Zeitpunkt nicht feststellen. Die unspezifischen medikamentösen Maßnahmen schienen nach acht Tagen zu greifen, und der Patient konnte seinen Dienst bald wieder aufnehmen. Es folgten noch zwei weitere Attacken, die wir erfolgreich behandeln konnten.

Mich beunruhigten diese wiederkehrenden Lungenentzündungen sehr, und bei dem letzten Entlassungsgespräch bat ich Herrn Dr. Sondermann, doch einmal zu schildern, was er in der letzten Zeit so gemacht hat.

»Im Frühjahr war ich mit meiner Familie Ski fahren, und im Mai verbrachte ich mit meiner Frau zwei herrliche Wochen am Lago Maggiore. Ich hatte keine Beschwerden, und es ging mir sehr gut. Kaum war ich einige Wochen zu Hause, begannen wieder Husten und Fieber. Ich verstehe es einfach nicht.«

Merkwürdig! Mir war bekannt, dass Dr. Sondermann in einem ehemaligen großen, alten Gutshof wohnte, den er sehr aufwendig renoviert hatte. Ob vielleicht etwas mit dem alten

Gemäuer nicht stimmte? Aber dann müssten doch bei den übrigen Familienmitgliedern ähnliche Symptome auftauchen. Ich wusste, dass Dr. Sondermann ein leidenschaftlicher, sehr guter Schachspieler war. Das wäre eine Gelegenheit für mich, mir einmal das alte Gut anzusehen. Als ich ihn fragte, wie es mit einer Partie Schach wäre, war er sofort begeistert und lud mich zu sich ein.

Es war ein trüber, regnerischer Sonntag, und ich machte mich auf den Weg zu Dr. Sondermann. Ich bewunderte das schöne Anwesen, und bevor unsere Partie begann, erzählte er und zeigte mir alte Fotos. Ich war sehr erstaunt, was ich da zu hören bekam. Er nannte die Fotos »Heimatbilder«, auf ihnen waren Bauernhäuser der Zwanzigerjahre, Dorfbewohner und vor allem Tierbilder, Hunde, Pferde und Katzen, zu sehen. Sein besonderer Schatz war ein Album der Dreißigerjahre mit etwas vergilbten Fotos von Fördertürmen, Kohlehalden und Bilder aus dem Stollen unter Tage. Markante geschwärzte Gesichter, Helme, Stirnlampen mit »leuchtenden Augen«. Fasziniert hörte ich Dr. Sondermann zu, als er mehrere Seiten mit Tauben und Kanarienvögeln aufschlug. »Das Album hat mir mein Großvater vererbt, das ist mein größter Schatz.«

So erfuhr ich, dass der Großvater Bergmann mit polnischen Wurzeln war und Dr. Sondermann ihn als Kind im Ruhrgebiet oft besucht hatte. Diesen familiären Hintergrund hätte ich nicht unbedingt vermutet. Seine ganze Leidenschaft galt seinen Brieftauben. Oppa, wie er in seinem Heimatort genannt wurde, hatte seinem Enkel alles über Tauben beigebracht:

»Es sind kluge Tiere, sie sind treu und haben mich nie enttäuscht. Tauben sind für Bergleute immer sehr wichtig gewesen. Als Hauer im Stollen träumst du von Sonne, Wolken und blauem Himmel. Tauben gehört der Himmel.« So erfuhr ich viel über die glückliche Kindheit von Dr. Sondermann.

»Viele Stunden habe ich mit meinem Großvater verbracht, viel gelernt und vielleicht sogar seine Liebe und Leidenschaft geerbt.«

Ein Foto zeigte »Oppa« mit lachendem Enkel im Taubenschlag unter dem Dach. Dr. Sondermann fuhr fort: »Oppa war auch begeisterter Fußballfan. Als er nicht mehr so gut laufen konnte, gab er einem Freund eine Taube mit zu einem Fußballspiel des Heimatclubs. Die Taube überbrachte den Ausgang des Spiels dann als Erste. Auf einem Zettel war das Endergebnis an der Kralle seiner Taube befestigt.«

Die große Überraschung kam zum Schluss der Besichtigung, als er mir seinen Taubenschlag in der alten Scheune seines Hofes zeigte. »Ja, ich züchte auch Tauben!«

Sein wie aus dem Ei gepelltes Äußeres hatte bei Krankenhausbesuchen nicht unbedingt an einen Taubenzüchter denken lassen. »Ich habe zwei Weltmeister und einen Deutschen Meister unter meinen Tauben; einen Weltmeister habe ich gerade erfolgreich verkauft.«

Da fiel es mir wie Schuppen von den Augen. Es handelte sich bei Dr. Sondermann um eine typische Vogelzüchterlunge, die diagnostisch schwer zu erkennen ist, wenn man nicht daran denkt. Er berichtete dann, dass er in Ferien und auf längeren Dienstreisen keine Probleme hatte.

Dann spielten wir Schach, doch ich war gar nicht bei der Sache, musste immer wieder an die Tauben denken und wie ich es Dr. Sondermann beibringen könnte, dass die Ursache seiner Erkrankungen die heiß geliebten Tauben seien. Ich äußerte meine Vermutungen noch nicht und verlor natürlich haushoch das Spiel. Ich wollte die Stimmung an dem schönen Nachmittag nicht verderben und beschloss, noch nichts zu sagen. Beim Abschied bat ich Dr. Sondermann, recht bald zu mir in die Ambulanz zu kommen, damit wir alles noch ausführlich besprechen könnten.

In meinem Sprechzimmer teilte ich ihm eine Woche später behutsam die Diagnose mit. Ich musste ihm auch sagen, dass eine Taubenzüchterlunge sogar zum Tode führen kann. Dr. Sondermann hatte Tränen in den Augen, als er sagte: »Dann muss ich mich von meinen Lieblingen trennen.«

Ich hatte mir die Eröffnung nicht so problemlos vorgestellt, aber Dr. Sondermann war eben ein kluger und verantwortungsvoller Mann. Er rief mich Wochen später an und berichtete, dass er seine Lieblinge an einen befreundeten Taubenzüchter verkauft habe und sie in guten Händen seien.

Er hatte jetzt die Rolle seines Großvaters übernommen. Er beriet andere Taubenzüchter im Verein und freute sich, wenn er Kinder und Jugendliche für dieses Hobby begeistern konnte. Vor allem wies er darauf hin, dass man beachten müsse, die Brieftauben nicht über Gebühr zu strapazieren.

Warum sollten es tausend Kilometer sein, die sie transportiert werden müssen, um in einer bestimmten Zeit nach Hause zu fliegen, fünfzig Kilometer täten es doch auch? Und er erzählte seinen Zuhörern auch hin und wieder von der Gefahr einer Taubenzüchterlunge. Außerdem engagierte er sich für den artgerechten Umgang mit den Tauben in seiner Stadt. Er setzte sich für die Errichtung von Taubenhäusern und -türmen und die richtige Fütterung ein, gründete Initiativen, die Taubeneier gegen Attrappen austauschen, damit der Bestand nicht überhandnimmt. Die Tauben ließen ihn einfach nicht los!

DAS KAMEL ADJI

ODER DIE GESCHICHTE EINER UNGLAUBLICHEN FREUNDSCHAFT

*Ein schäbiges Kamel trägt immer
noch die Lasten vieler Esel.*

JOHANN WOLFGANG VON GOETHE

Es war eine unvergessliche Treckingreise durch die algerische Wüste der Tassili n'Ajjer, einer Gebirgskette in der Sahara. Unsere kleine Reisegruppe – neben mir und meinem Freund noch vier weitere Teilnehmer – war tief beeindruckt von der betörenden Landschaft voller Gegensätze. Der Weg führte uns durch die Sanddünen entlang des Gebirges, auf der einen Seite Felsformationen, auf der anderen die in diesen Tagen trockenen Wadis, die Wasserläufe. Unser Ziel war das Lager der Großfamilie des blinden Tuareg Abdullah. Von dort aus würden wir zu einer großen Tour auf Dromedaren aufbrechen, also auf einhöckrigen Kamelen.

Die Familienmitglieder des 84-jährigen Abdullah lebten noch als Halbnomaden und waren mit ihren 150 Kamelen recht wohlhabend: Kamelstuten, deren Milch von den Frauen zu Butter, Käse und Joghurt verarbeitet wurde; zahlreiche Fohlen, ein wertvoller Zuchthengst und eine Reihe von kastrierten Hengsten, die als Transport- und Reitkamele dienten. Abdullah, das Familienoberhaupt, stammte aus einer Karawanenführerfamilie und war ein berühmter Widerstandskämpfer gewesen, der deshalb sogar eine Pension der algerischen Regierung erhielt.

Bei unserer Ankunft hockte Abdullah in der Mitte seines großen Zeltes, bekleidet mit einem bis zu den Knöcheln reichenden indigoblauen *Tekatkat*, dem traditionellen Übergewand, und einem schwarzen Tuch um den Kopf gewunden, das nur Sehschlitze frei ließ.

Abdullahs Frau Layla, kaum jünger als ihr Mann, begrüßte uns freundlich. Wie alle Tuareg-Frauen war sie unverschleiert und trug nur das traditionelle Kopftuch zum Zeichen ihrer Würde als erwachsene Frau. Gemeinsam mit den Söhnen und Enkeln sorgte Layla für eine köstliche Mahlzeit: Es gab *Taguella*, das typische Brot aus Hirse, Lamm, allerlei Gemüse und warme Kamelmilch. Während unseres Aufenthalts bei den Tuareg lernte ich, dass die Frauen eine starke Stellung haben. Sie entscheiden, wen sie heiraten, und können ihre Männer verstoßen, eine Scheidung ist bei den Tuareg keine Schande. Frauen empfangen die Gäste, überwachen die Zubereitung des Tees und sind bei den Teezeremonien selbstverständlich anwesend. Ihre Worte haben großes Gewicht. Man sollte es sich auf keinen Fall mit ihnen verderben.

Abdullah, dessen Großfamilie sich auf die touristische Betreuung kleinerer Gruppen spezialisiert hatte, für die Kameltrecking angeboten wurde und die ganz selbstverständlich am Leben der Tuareg teilnehmen durften, saß zunächst schweigend in der Runde. Ich konnte nur seine blassblauen Augen sehen, und mir fiel gleich auf, wie leblos sie waren. Von seinem Sohn erfuhr ich, dass Abdullah vor vielen Jahren durch ein Trachom erblindet war, eine durch Chlamydien hervorgerufene Infektion des Auges. Nach dem Essen wurden die Pläne für die nächsten Tage besprochen. Nun war Abdullah der Wortführer:

»Morgen werden wir uns auf eine dreitägige Reise zu einer berühmten Wasserstelle aufmachen. Zwei Tage später geht es zu den Felsmalereien der Tassili n'Ajjer. Sie sind bedeutende Zeugnisse der prähistorischen Höhlenmalerei. Und wir werden den Nationalpark besuchen mit seinen vielen seltenen Tier- und Pflanzenarten. Ein Weltkulturerbe!« Wir erfuhren, dass Abdullah unsere Gruppe anführen würde, während seine Söhne für Zelte und Nahrung verantwortlich sein sollten.

Ich nahm an, mich verhört zu haben, und auch die anderen Mitglieder unserer Reisegruppe schauten ungläubig. Der blinde Abdullah sollte uns durch Wüste und Gebirge leiten? Das konnte nicht stimmen!

Ahmed, der älteste Sohn, spürte unsere Skepsis und Sorge. Nachdem sein Vater sich zum Schlafen zurückgezogen hatte, erzählte er uns eine Jahre zurückliegende Geschichte. Damals sei das Wasser für die Tiere sehr knapp gewesen, es drohte der Tod der ganzen Herde. »Mein Vater kannte aus früheren Zeiten eine Wasserstelle, die nie versiegte. Doch keiner von uns hätte sie finden können.« Abdullah war seit seiner vollständigen Erblindung nicht mehr geritten, doch zum Erstaunen aller ordnete er an, sein Kamel Adji zu satteln und ihm zu folgen. Niemand wagte ein Widerwort, und Adji, ein mürrisches Tier, das auf Abdullah fixiert war und sonst keinen Menschen an sich heranließ, wurde gesattelt. Ahmed und ein Bruder halfen dem blinden Vater auf das kniende

Tier. Fünf Nächte lang führte Abdullah die Herde durch die Wüste. Unterstützt von seinen beiden Söhnen, die ihm ständig die Position zweier Leitsterne in Relation zum Polarstern beschrieben. Abdullah hatte das gesamte Sternensystem, das die Tuareg zur Orientierung benötigen, im Kopf. So konnte er mithilfe der Informationen seiner Söhne die Richtung finden und korrigieren. Adji, Abdullahs Kamel, reagierte auf die kleinste Berührung seines Freundes und Besitzers. Abdullah konnte ihm im wahrsten Sinne des Wortes blind vertrauen. Die Wasserstelle wurde gefunden, die Kamele waren gerettet.

Der Erfolg stärkte das Selbstbewusstsein des blinden Mannes. Schritt für Schritt eroberte er sich seine Freiheit und damit sein Leben zurück. Auf seinem treuen Kamel unternahm Abdullah täglich erst kurze, dann immer längere Ritte in die Umgebung. Bis er schließlich gemeinsam mit Adji sogar die Reittouren für die Touristen anführen konnte. »Trotz seines Alters«, sagte Ahmed, »ist Adji immer noch ein sehr schönes, intelligentes und vor allem verlässliches Kamel, aber gegenüber Fremden unberechenbar. Seid also vorsichtig.«

Nun meldete sich auch Abdullahs Frau Layla zu Wort: »Keiner kennt die Gegend wie mein Mann. Seit Jahren führt er mit Adji die großen Touren durch die Wüste. Ihr könnt Abdullah und Adji und ihrem Instinkt vertrauen.«

Sehr früh am nächsten Morgen ging es los. Als wir noch müde aus den Zelten traten, waren die Kamele schon gesattelt.

Ich betrachtete die Kamele genauer. Ich hatte nämlich über Kamele gelesen, sie seien »unschön«, hätten eine »abscheuliche Stimme, blöde Augen, hässliche Lefzen«. Also, ich war anderer Meinung. Wie sie jetzt dastanden in der aufgehenden Sonne, eindrucksvoll in ihrer Größe und in ihrer

Haltung strahlten sie Ruhe, Stärke und Geduld aus. In ihrer Mitte ein riesiges weißes Kamel, das musste Adji sein. Nur dieses Tier war unruhig und bewegte sich wiegend hin und her. Auch gab es merkwürdige Laute von sich. Dabei beäugte das imposante Kamel unsere Gruppe argwöhnisch. Erst als Abdullah erschien, wurde es ruhig und kniete sich sofort nieder, um ihn aufsteigen zu lassen. Unser Führer gab einen kurzen Schnalzlaut von sich. Schon knieten sich auch die übrigen Kamele nieder, und wir setzten uns vorsichtig in die bequemen Sättel. Dann starteten wir, Abdullah an der Spitze, gefolgt von seinem Sohn Ahmed. Dahinter unsere Gruppe. Wir waren in weiße Gewänder gehüllt und hatten weiße Tücher mit Sehschlitzen um den Kopf gewickelt. Dazu trugen wir alle große Sonnenbrillen. Wir konnten uns gegenseitig kaum erkennen. Am Ende der kleinen Karawane ritten die beiden anderen Söhne von Abdullah.

Stunde um Stunde ritten wir durch die atemberaubende Formenvielfalt der Sanddünen und bewunderten schweigend die Licht- und Schattenspiele in der Sonne. Wie konnte man sich nur in dieser verwirrenden Gleichförmigkeit zurechtfinden? Ich musste an den Film »Auge um Auge« mit Curd Jürgens aus dem Jahr 1957 denken: Ein Araber schwört Rache an einem deutschen Arzt, der sich geweigert hatte, seine kranke Frau zu behandeln. Sie stirbt. Er lockt den Arzt unter einem Vorwand in die Wüste und spielt mit ihm dort Katz und Maus. Immer wenn der Arzt glaubt, dass sie nach der Überwindung einer riesigen Sanddüne das Ziel erreicht hätten, erblickt er wieder unzählige neue, die es zu bezwingen gilt. Die Nächte sind eisig, und tagsüber brennt die Sonne gnadenlos vom Himmel. Schließlich kommen beide um.

Ich schaute nach vorne zu Abdullah, der aufrecht und stolz auf Adji saß und unsere Gruppe sicher anführte – durch tiefe Täler und über hohe Sandberge. Ich vertraute ihm vollkommen. Am späten Nachmittag gab Abdullah plötzlich einen bisher noch nicht gehörten Schnalzlaut von sich, und seine drei Söhne rasten mit ihren Kamelen davon. Unsere Kamele blieben ruhig und setzten ihren Weg gemächlich fort. Nach einer weiteren Stunde erreichten wir ein enges Tal, in dem am Rand trockene Gräser und niedriges dorniges Gestrüpp wuchsen.

Hier hatten die drei Söhne inzwischen die Zelte aufgeschlagen und ein opulentes Mahl zubereitet. Erschöpft und hungrig stiegen wir von unseren Kamelen, die sich, kaum abgesattelt, über die spärlichen Pflanzen hermachten. Nur Adji nicht. Abdullah musste sein Kamel zu der kleinen Herde und damit zum Abendessen führen, da es sonst nicht von seiner Seite gewichen wäre.

Wir Menschen genossen unser köstliches Mahl und begaben uns anschließend todmüde in unsere Zelte. Doch nach diesem aufregenden Tag konnte ich keinen Schlaf finden. Ich stand auf und trat nach draußen. Über mir ein magischer Sternenhimmel, den ich so vorher noch nie gesehen hatte. Ich erblickte Abdullah hinten bei den Kamelen, er stand gleich neben Adji. Das Kamel musste mich wahrgenommen haben, denn es wurde unruhig und stupste Abdullah an, der mich daraufhin heranwinkte. Ich grüßte ihn, und er erkannte sofort meine Stimme: »Na, Doktor, lebst du noch? War es sehr anstrengend?« Das musste ich zugeben und fragte dann: »Adji ist wohl ein ganz besonderes Kamel?« Wir kamen ins Gespräch. Adji, so erzählte Abdullah, sei ein außergewöhnliches Hengstfohlen gewesen. Vom ersten Tag an groß und kräftig und mit breiten Sohlenflächen, gut geeignet für Sand und Gestein. »Außerdem hatte das Fohlen ein weißes Fell. Das ist sehr selten.« Abdullah taufte das Neugeborene Adji, was »Glück« heißt. Es würde sicher ein kostbarer Zuchthengst werden. Und es war Abdullahs Aufgabe, sich um das Fohlen zu kümmern. Doch bald stellte sich heraus, dass Adji einen ungewöhnlich schwierigen Charakter hatte. Er war aggressiv, er biss und trat, zwischendurch musste man ihn sogar isolieren. Und selbst seine Mutter wandte sich von ihm ab. So etwas hatte noch niemand in der Tuareg-Familie erlebt.

Der Traum vom Zuchthengst war ausgeträumt. Adji wurde kastriert und tatsächlich ein wenig ruhiger. In der Herde behielt er aber seine dominante Rolle und sorgte weiterhin regelmäßig für Auseinandersetzungen und sogar Verletzungen. Doch Abdullah gab nie auf. Er redete mit Adji, er streichelte ihn, er bestrafte ihn nicht. Und das Tier lernte, Abdullah zu vertrauen. Als allgemeines Reitkamel kam Adji ebenfalls nicht infrage. Er ließ nur Abdullah an sich heran, und allein Abdullah durfte auf ihm reiten. Die Familie war schließlich der Meinung, dass Adji nicht mehr tragbar sei und man ihn schlachten solle, dann wäre er wenigstens zu etwas nutze. Abdullah jedoch, der längst an dem »Sorgenkind« hing, ging auf die Barrikaden. »Ich will Adji behalten, ich kümmere mich um ihn, ich werde es schaffen.« Und Abdullah schaffte es. Mit viel Geduld und Liebe. Adji konnte schließlich ohne Gefahr in die Herde integriert werden. Doch die anderen Kamele und die gesamte Familie hielten weiter einen sicheren Abstand zu ihm. »Ich war und blieb sein einziger Freund. Wir wurden ein wunderbares Team. Und nun habe ich es Adji zu verdanken, dass ich trotz meiner Erblindung ein weitgehend freies Leben führen kann. Er hat seinen Namen verdient. Er ist mein Glück.«

Abdullah und ich wünschten uns eine gute Nacht und gingen endlich schlafen.

Seit dieser nächtlichen Begegnung kamen der blinde Tuareg und ich uns immer näher, wir wurden sogar Freunde und erzählten uns gegenseitig aus unserem Leben. Natürlich sprachen wir auch über seine Erblindung, und ich konnte ihn und seine Familie davon überzeugen, sich in Deutschland operieren zu lassen.

Sechs Wochen später holte ich ihn und seinen Sohn Ahmed am Frankfurter Flughafen ab. Abdullah war die Sensation in unserem Krankenhaus und er genoss es sichtlich. Die Operation war erfolgreich.

Zwei Wochen später erhielt ich diesen Brief von Ahmed:

Lieber Doktor!

Wir sind wieder zu Hause. Noch einmal vielen Dank für alles, auch Ihrem ganzen Team im Krankenhaus! Wir sind sehr glücklich, dass alles gut gegangen ist.

Die erste Begegnung zwischen meinem Vater und seinem Adji war schon sehr seltsam. Die ganze Familie beobachtete voller Spannung das Ganze aus der Ferne. Mein Vater schnalzte laut, und Adji kam sofort langsam auf ihn zu, blieb vor ihm stehen, hob den Kopf ganz hoch, drehte sich um und lief zurück in die Herde. Wir glauben, dass er beleidigt war, weil mein Vater ihn so lange allein gelassen hatte. Wieder schnalzte mein Vater, jetzt dreimal laut hintereinander, und da kam Adji wieder zurück. Er stupste meinen Vater sanft mit dem Kopf in die Seite und stieß einen merkwürdigen, tiefen Laut aus, den wir vorher noch nie von ihm gehört hatten. Adji kniete sich plötzlich nieder und mein Vater rief mir zu: »Ahmed, sattle Adji, ich möchte einen Ausritt machen!«

Viele Grüße und wir hoffen auf ein baldiges Wiedersehen!

Ahmed und Familie

DIE RETTENDE PFOTE

TINA UND IHR DIABETESHUND

Sogar aus den Hunden lässt sich etwas machen,
wenn man sie recht erzieht, man muss sie nur nicht
mit vernünftigen Leuten, sondern mit Kindern
umgehen lassen, so werden sie menschlich.

GEORG CHRISTOPH LICHTENBERG

Es war im Herbst 2012. Die achtjährige Tina, ein sonst lebhaftes, fröhliches Kind, wollte eines Morgens nicht aufstehen. »Ich bin krank«, erklärte das Mädchen, »ich kann heute nicht zur Schule gehen.« Sie sei sehr müde und habe Bauchschmerzen. Stefanie, Tinas Mutter, brachte Tee und Zwieback ans Bett, war aber nicht weiter besorgt, da solche Symptome bei Kindern häufiger vorkommen. Tatsächlich waren die Beschwerden nach zwei Tagen vorbei, und Tina schien genesen.

Eine Woche später klagte Tina wieder über Müdigkeit und Bauchschmerzen und wollte nur im Bett bleiben. Die Eltern vermuteten nun einen Infekt und suchten mit ihrer Tochter den Kinderarzt auf, der Tina seit ihrer Geburt betreute. Er untersuchte das Kind, nahm ihm Blut ab, und schon am nächsten Tag erhielten die Eltern die beängstigende Diagnose: Diabetes Typ 1. Ein Schock.

Der Arzt überwies Tina in die Kölner Universitätsklinik, wo man die Behandlung mit einer Insulinpumpe empfahl. So eine Insulinpumpe gibt über einen kleinen Schlauch und eine kurze Nadel, die am Bauch unter der Haut steckt, in regelmäßigen Zeitabständen Insulin in den Körper ab. Die kleine Patientin und ihre Eltern erhielten eine intensive Schulung im Umgang mit diesem Gerät. Die Nadel muss regelmäßig gewechselt, vor dem Duschen muss eine Folie über die Nadel geklebt und die Insulinabgabe muss immer wieder dem Tagesablauf (Mahlzeiten oder Sport) angepasst werden. Im Idealfall ersetzt eine Insulinpumpe das tägliche Spritzen und erlaubt auch weiterhin einige Bewegungsfreiheit.

Tina erholte sich schnell und ging wieder mit Freude in die Schule. Sie traf sich wie immer mit ihren Freundinnen – zu Spielenachmittagen, Radtouren oder Geburtstagsfeiern. Aber nie zu lange. Denn trotz Insulinpumpe musste der Blutzuckerspiegel ständig überwacht werden, um Schwankungen rechtzeitig auszugleichen und lebensbedrohliche Blutzuckerentgleisungen nach oben oder nach unten durch zusätzliche Zucker- oder Insulingaben zu verhindern. Die aufwendige Berechnung der Kohlehydrate in der Nahrung des Kindes wurde zu einer notwendigen täglichen Maßnahme. Und besonders nachts musste der Blutzuckerspiegel permanent im Auge behalten werden, weswegen sich Stefanie zwei- oder dreimal in der Nacht den Wecker stellte. Der dauernde Schlafentzug brachte sie an den Rand ihrer Belastbarkeit.

Eines Tages las Stefanie in der Zeitung von einem Diabetes-Warnhund, der Blutzuckerentgleisungen riechen konnte. Stefanie war wie elektrisiert. Ihre Tochter Tina hatte sich schon lange einen Hund gewünscht. Könnte die Erfüllung dieses Wunsches vielleicht auch eine Lösung für die täglichen Probleme durch Tinas Krankheit sein? Stefanie informierte sich gründlich. Hundenasen, so lernte sie, besitzen ein enormes Riechvermögen. Über kleinste Moleküle in der Atemluft oder im Schweiß können sie krankheitsbedingte chemische Veränderungen im menschlichen Körper wahrnehmen. Eben zum Beispiel Blutzuckerschwankungen.

Aber Hunde können auch kleinste Verhaltensänderungen sehen oder hören: Schweißperlen auf der Stirn oder ein leichtes Zittern der Stimme. So ermöglichen geschulte Diabetes-Warnhunde den Patienten ein weitgehend normales Leben, da sie immer an ihrer Seite sind und sie rechtzeitig warnen. Das Diabetiker-Warnhund-Netzwerk vermittelte Stefanie und ihrer Familie den Kontakt zu einer Hundetrainerin ganz in der Nähe. Längst hatten sich Stefanie und Tina auch schon für die Rasse des künftigen Warnhundes entschieden: Es sollte ein Shar-Pei, ein chinesischer Faltenhund, sein. Stefanies Großeltern hatten früher so einen Hund besessen, und Stefanie hatte unvergessliche Erinnerungen an den Faltenhund mit dem Namen Chi. Chi war intelligent, freundlich und immer gelassen, ein idealer Familienhund. Doch Heike, die Hundetrainerin, wollte der Familie die Rasse Shar-Pei ausreden. Um ein guter Diabetes-Warnhund zu sein, brauche ein Hund einen besonderen Charakter oder spezielle Talente. Die Erfahrung zeige, dass vor allem Labradors oder Border Collies für die Aufgabe geeignet seien. Bisher habe noch niemand versucht, einen Shar-Pei zum Diabetes-Warnhund auszubilden: »Die Rasse neigt zu Dominanz und lässt sich schwer erziehen.« Die Trainerin gab weiterhin zu bedenken, dass ein Assistenzhund eine sehr enge Bindung zu der Tochter haben müsse. Sollte sich der vorgesehene Shar-Pei nicht als Warnhund eignen, sei es nicht möglich, einen weiteren Hund zu holen, denn Diabetes-Warnhunde müssten der einzige Hund in einem Haushalt sein. Für den Shar-Pai sei dann kein Platz mehr.

Doch Tina und Stefanie, die Chi, den Hund ihrer Großeltern, nur liebevoll und aufmerksam erlebt hatten, ließen sich den chinesischen Faltenhund nicht ausreden:

»Wir haben uns schon in die dicken Fellnasen dieser Hunde verliebt.« Heike gab nach und nahm Kontakt zu einer Shar-Pei-Züchterin im süddeutschen Raum auf, die gerade einen Wurf erwartete. Die Züchterin wollte jedoch vor dem Verkauf eines ihrer kostbaren Welpen erst genau über die Familie und ihre Motive informiert sein. Gespräche mit den einzelnen Familienmitgliedern – Mutter, Vater, Tina – und mit der Hundetrainerin folgten. Bei einem Besuch wurden außerdem Haus und Garten inspiziert. Schließlich erhielt die Familie eine verbindliche Zusage. Die Trainerin und Tina waren inzwischen enge Freundinnen geworden. Tina konnte nicht genug über das Leben mit Hunden und ihre Ausbildung hören.

Die Welpen wurden geboren, und als sie sechs Wochen alt waren, fuhr die Familie mit der Trainerin nach Süddeutschland, um einen Welpen auszuwählen. Die Aufregung war groß, als die Züchterin die fünf Welpen, wunderschön und mit verschiedenen Farben, in ihr Wohnzimmer holte. Eines der Hundebabys lief gleich zum Vater, ein anderes zur Mutter und ein kleiner kaffeebrauner Welpe mit hellem Gesicht zu Tina. Eine Hündin, ein Mädchen, das Tina spontan Sanni nannte, aus Zuneigung zur Züchterin Susanne, die die kleine Tina längst ins Herz geschlossen hatte. Nach vier weiteren langen Wochen durfte Sanni endlich abgeholt werden. Der kleine

Hund fühlte sich sofort wohl in seinem neuen Zuhause und wich vom ersten Tag an nicht mehr von Tinas Seite. Eine innige Freundschaft begann.

Nach einer kurzen Eingewöhnungszeit ging es für Sanni in die Welpenschule, und nicht nur der Hund, sondern auch die Familie musste eine Menge lernen.

Heike erschien oft auf dem Trainingsplatz, wo die Welpen trainiert wurden, und beobachtete Sanni aufmerksam. Es gab keinen Grund zur Sorge. Sanni zeigte sich geduldig und gelehrig. Die erste Hürde war genommen. In dieser Zeit sammelten die Eltern Unterhemden von Tina, die sie getragen hatte, wenn sie stark unterzuckert war. Die Hemdchen wurden von Heike zerschnitten, vakuumiert und eingefroren. Schon bald begann auch die Ausbildung zu einem Diabetes-Warnhund, und Sanni wurde unter anderem mit dem Geruch der Unterzuckerung an den Wäschestücken von Tina vertraut gemacht. Sanni lernte schnell, und rasch erkannte sie auch bei Tina eine eingetretene Unterzuckerung und legte dann ihre Pfote an das Bein des Mädchens. Jede richtige Reaktion wurde belohnt. Die Familie war glücklich, dass Sanni als Assistenzhund tatsächlich geeignet war.

Natürlich durfte Sanni außerdem ein verspielter Hund sein. Regelmäßig erkundeten Tina und sie die nahe Natur. Bald wurden auch Tinas Freundinnen von Sanni akzeptiert, und bei ihren gemeinsamen Spielen näherte sich Sanni immer wieder Tina, um an ihr zu riechen oder sie genau zu beobachten. Im Notfall legte sie eine Pfote an ihr Bein.

Die nächsten Ausbildungsschritte folgten. Geübt wurde das Herbeiholen des Notfallsets, in dem sich für Tina Messstreifen oder Dextroenergen befanden und – ganz wichtig – die Belohnung für Sanni, die Leckerlis. Geübt wurde ebenfalls das nächtliche Signalgeben mithilfe eines Schalters. Die Platte lag im Schlafzimmer des Kindes auf dem Fußboden, und nach einiger Zeit schaffte es der Hund, mit der Pfote auf die Platte zu drücken und ein Warnsignal auszulösen. Der Schalter war an einen Funkgong gekoppelt, der sich im Schlafzimmer der Eltern befand, sodass sie sofort die nötige Hilfe leisten konnten. Immer häufiger schafften es Tina und Sanni, ganz ohne die Eltern auszukommen.

Die Königsdisziplin für Sanni war das Erkennen der Unterzuckerung bei besonderen Unternehmungen – beim gemeinsamen Grillen oder auf langen Spaziergängen durch den Wald. Es gab so viele wunderbare und interessante Gerüche: das Paradies für eine Hundenase. Sanni schnüffelte überall herum, aber sie vergaß nie, Tina im Auge und in der Nase zu behalten. Selbst dann nicht, wenn sie auf ihren Spaziergängen anderen Hunden begegnete.

Die Trainerin verfolgte Sannis Entwicklung mit großer Zufriedenheit und dokumentierte die Schritte des Shar-Pei zu einem erfolgreichen Assistenzhund. Mit Freude beobachtete sie, wie Sanni zu einem wichtigen Mitglied der ganzen Familie wurde. Tina konnte beschützt ihr Leben genießen und lernte Verantwortung für sich und für den Hund.

Mit zwei Jahren war Sanni so gut ausgebildet, dass sie die Prüfung zum Assistenzhund ablegen sollte. Am Prüfungstag betrachtete die Vorsitzende des Ausschusses Sanni recht kritisch: »Wie, ein Shar-Pei? Das hatten wir noch nie, da bin ich aber mal sehr gespannt …!« Sanni meisterte die Prüfung mit Bravour.

Und sie erlebte zudem eine kleine Sternstunde: Die Besitzerin eines anderen Warnhundes war so aufgeregt, dass sie laute Unmutsäußerungen von sich gab. Augenblicklich verließ

Sanni den Platz neben Tina, lief auf die Frau zu und tippte ihr mit der Pfote immer wieder auf den Schuh: Auch das ungeduldige »Geh weg, hau ab« der Frau konnte Sanni nicht vertreiben. Sie begann leise zu knurren, lief zu Tina, dann wieder zu der schimpfenden Frau und wieder zu Tina. Schnell war allen klar: Die Frau war unterzuckert. Die Runde staunte, und Sanni war der Star auf dem Trainingsplatz. Und die erste Shar-Pei-Dame in Deutschland, die je an einer Prüfung zum Diabetes-Warnhund teilgenommen hatte.

Sanni ist mittlerweile eine betagte Hundedame, sitzt am liebsten in ihrem weichen Hundekörbchen und beobachtet das Geschehen – gewohnt aufmerksam, aber entspannt. Sie weiß, dass sie ihren Hunde-Ruhestand gelassen genießen kann, denn Tina ist nun eine junge Frau, die mit ihrem Diabetes gut alleine klarkommt.

Doch wenn Sanni ihrem Schützling Tina liebevoll ihre Pfote auf das Bein oder auf den Arm legt, fühlt sich Tina immer noch geborgen und beschützt.

Hinweis: Im Gegensatz zu Blindenhunden werden die Kosten für die Ausbildung zum Blutzucker-Warnhund nicht von den Krankenkassen übernommen. Aber inzwischen ist die Technik diesbezüglich nahezu optimiert.

GEFANGEN

VOM ESEL DONKEY, DER GEFÄNGNISMAUERN ÜBERWAND

Weißt du, wie das ist, wenn du dir selbst überlassen wirst,
wenn du mit dir allein gelassen bist, dir selbst ausgeliefert
bist? Ich kann nicht sagen, dass es unbedingt furchtbar ist,
aber es ist eines der tollsten Abenteuer, die wir auf dieser
Welt haben können: sich selbst zu begegnen.

WOLFGANG BORCHERT

Der Hilferuf erreichte mich an einem frühen Abend im Juni. Lange hatte ich von der befreundeten Familie Barnier nichts gehört. Die Mutter bat mich verzweifelt, zu ihrer siebenjährigen Tochter Julia in eine unserer Nachbarkliniken zu kommen. Dort lag das Mädchen nach der Operation eines durchgebrochenen Blinddarms auf der Kinderstation.

»Die ersten Tage sind gut verlaufen, aber seit gestern ist sie vollkommen verändert.«

Dr. Wehrdinger, der behandelnde Arzt, konnte sich diesen Zustand nach dem bisher guten Verlauf nicht erklären. »Ich bin Ihnen dankbar, wenn Sie auch einen Blick auf unsere Patientin werfen«, stimmte er meinem Besuch des Kindes sofort zu. Schon öfter hatten wir Probleme gemeinsam gelöst. Ich machte mich auf den Weg.

Als ich zu Julia an ihr Krankenbett trat, bekam ich einen Schreck. Das Mädchen war sehr blass mit einer fleckigen Rötung auf den Wangen. Julia hatte Fieber und sichtbar große Angst. Sie hielt einen kleinen Plüschesel fest umklammert und ihre großen blauen Augen blickten starr zur Decke.

»Das geht seit Stunden so«, flüsterte mir die Mutter zu. Auf ein Zeichen von ihr verließen wir das Krankenzimmer, die Tür blieb aber offen. Jetzt erfuhr ich von dem großen Unglück, das die Familie ereilt hatte. Peter Barnier, vor Kurzem noch Fondsmanager, war im Zusammenhang mit dem Anlagebetrug eines Bankers, der sich mit vielen Millionen nach Asien abgesetzt hatte, verhaftet und angeklagt worden. Nun saß er seit einem Dreivierteljahr in Haft.

»Man hat ihn zu zwei Jahren und vier Monaten Gefängnis verurteilt«, erzählte Marie Barnier. »Eine Katastrophe. Auch für mich ist der Verlust von Peter kaum zu ertragen, aber meine drei Kinder sind nicht zu trösten.«

Vor allem Julia, die Jüngste, leide unter der Abwesenheit des Vaters. »Ihr fehlen seine Reiseberichte. Und seine Tiergeschichten. Und die Zoobesuche. Julia hat schon ein großes Wissen über Tiere. Und will später mit ihnen arbeiten.«

Im Zoo habe sich das Mädchen besonders in einen kleinen Esel verliebt. Peter Barnier, ein guter Zeichner, hatte immer wieder Elefanten, Giraffen und Tiger, Löwen oder Affen für Julia skizziert. Diese Sammlung war für sie ein großer Schatz und die Zeichnung eines kleinen Esels ihr Lieblingsbild. An ihrem sechsten Geburtstag konnte Julia jubelnd einen Plüschesel in die Arme schließen. Den Esel, den sie jetzt so fest umklammerte. Sie hatte ihn Donky getauft. Seit der Vater für sie unerreichbar im Gefängnis war, entwickelte Julia immer größere Verlustängste. Jeden Abend sprach sie weinend mit Donky, und die Mutter musste Geschichten von Eseln aus der marokkanischen Heimat des väterlichen Großvaters erzählen.

Marie Barnier bat mich, eine Weile am Bett der Tochter zu wachen. Sie müsse einige dringende Anrufe tätigen. Ich setzte mich still neben Julia. Eine Schwester maß behutsam Fieber, wechselte die Infusionsflasche, fragte die Kleine, ob sie nicht etwas trinken wolle. Keine Reaktion. Das sind Momente der Hilflosigkeit, die jeder Arzt kennt.

Ich versuchte es über den Esel. »Hör mal Donky, kennst du mich noch? Ich wollte mal sehen, wie es euch beiden geht!« Ich erinnerte an gemeinsame Begegnungen mit der Familie; an ein Kinderbuch, das ich Julia einmal geschenkt hatte. Und ich erklärte Donky, dass er nicht traurig sein müsse: »Julia ist sicher bald gesund. Außerdem komme ich morgen wieder zu euch!«

Als die Mutter nach einer Stunde ins Krankenzimmer zurückkehrte, löste sich Julias Starre. Sie schluchzte: »Ich habe so Angst, dass Papa nicht wiederkommt und dass er stirbt!«

Später am Abend überzeugte mich Marie Barnier, einen Besuchstermin für ihren Mann zu beantragen. Sie mache sich ebenfalls große Sorgen um ihn, er melde sich nur selten, und sie befürchte, er verliere seinen Lebensmut. Ich versprach, Peter in der JVA zu besuchen.

Besuche bei Peter Barnier seien derzeit nicht möglich, teilte überraschend die Justizvollzugsanstalt mit. »Über die Gründe erteilen wir keine Auskunft.«

Die Bitte um einen Telefontermin mit dem Gefängnisdirektor wurde gleichermaßen abgelehnt. Bestärkt vom Anwalt der Familie entschloss ich mich, mein Anliegen vor Ort zu klären. Am Eingang der Vollzugsanstalt erklärte ich einem jungen Beamten, dass ich Arzt sei und warum mein Besuch wirklich erforderlich sei. Ich bat eindringlich um eine Ausnahme und darum, mit dem Gefängnisdirektor reden zu können.

Der junge Justizbeamte an der Pforte blaffte mich an: »Der ist heute nicht zu sprechen. Habe ich doch schon am Telefon erklärt!« Ich ließ mich nicht abweisen und blieb einfach vor der Pforte stehen.

Nach geraumer Zeit näherte sich ein älterer Beamter. Mit einer Kopfbewegung wies er mich in Richtung eines weißen zweistöckigen Gebäudes am Rande des großen Vorplatzes. Dann zwinkerte er kurz mit dem linken Auge und verschwand wieder hinter dem Eingangstor. Ich hatte den stummen Hinweis verstanden: das Wohnhaus des Direktors.

Als ich mich dem Gebäude näherte, nahm ich eine kurze Bewegung hinter einer Gardine wahr. Doch auf mein zweimaliges Schellen erfolgte keine Reaktion. »Besuch höchst unerwünscht«, vermutete ich.

Ich nahm auf der Treppe Platz, glücklicherweise gab es dort Schatten, und vertrieb mir die Zeit mit Lesen und gelegentlichen kleinen Dehnübungen. Zwischendurch ging ich einmal um das isoliert stehende Gebäude und vergewisserte mich, dass die Eingangstür die einzige Möglichkeit war, das Haus zu verlassen.

Nach geraumer Zeit wurde es dem Bewohner offensichtlich zu bunt. Gefängnisdirektor Meyer öffnete die Tür, und sein Gesicht spiegelte Abweisung wider. Ich stellte mich vor, erklärte mein Anliegen, und sein Gesichtsausdruck änderte sich. Seine Stirnfalte verschwand, und er forderte mich auf: »Na, dann erzählen Sie mal!«

Ich schilderte ihm den Fall des schwerkranken siebenjährigen Mädchens, ihre Angst um den Vater und die Ratlosigkeit von uns Ärzten. »Ich möchte nur eine halbe Stunde mit dem Gefangenen sprechen und von ihm eine Botschaft mitnehmen, um Julia zu trösten.«

Der Gefängnisdirektor nickte schließlich und erklärte, dass er die Pforte informieren werde.

Nun ging alles sehr schnell. Am Eingang musste ich kurz warten und wurde dann gründlich gefilzt, ob ich Waffen oder Drogen bei mir trage. Ich ließ alles geduldig über mich ergehen. Mir ging es nur darum, den Gefangenen und Vater der kleinen Patientin zu sprechen. Der ältere Beamte, derselbe, der mir geholfen hatte, führte mich zum Besucherraum. Nie werde ich die Eindrücke auf diesem Weg vergessen, das Klappern der Schlüssel, das metallische Zuschlagen der Gittertüren und unsere hallenden Schritte in den kahlen Gängen. Im Besucherraum setzte ich mich an den fest montierten Tisch. Nach zehn Minuten Warten erschien Peter, der Vater von Julia. Er hatte abgenommen, war blass und bewegte sich nur langsam auf den Tisch zu. Seine sonst kräftige, wohltönende Stimme klang brüchig: »Mir geht's nicht gut. Warum bist du hier? Ich wollte doch niemanden sehen!«

»Ich soll dich von deiner Tochter grüßen.«

Peter wurde langsam zugänglicher. Er berichtete von den Anfängen der Haft, den Hierarchien, von Drogen und Gewalt, und davon, dass er sich zu Beginn der Haft vollkommen ausgeschlossen gefühlt habe. »Ein Typ hat mich besonders gehasst, er hat mich schikaniert und ich habe mich gewehrt – das war keine gute Idee!«

Ich erfuhr eine Menge über sein »Leben im Knast«, wie Peter es resignierend nannte. Weiter erzählte er von seinen

Schuldgefühlen und Selbstvorwürfen, von der Sehnsucht nach seiner Familie, von Einsamkeit und Albträumen. Er senkte den Kopf und weinte. Ich gab ihm Zeit und wartete.

»Ich habe mich abgelenkt mit dem Zeichnen von Tieren«, fuhr Peter fort. »Für Julia. Und für meine anderen Kinder.« Schließlich hatte Peter begonnen, auch andere Gefangene und die Aufseher zu zeichnen. »Oleg, einer der Bosse hier, hat mich beobachtet und eine der Skizzen gesehen. Er wollte ein Bild seiner schwarzen Bulldogge. Später auch sein Portrait. Das hat mir geholfen, seither beschützt mich Oleg.« Und zum ersten Mal sah ich ein Lächeln auf Peters Gesicht. Aus seiner blauen Gefängnisjacke zog er mehrere braune Papierblätter, einen kleinen Teil seiner »gesammelten Werke«, wie er sich ausdrückte.

»Meisterhaft, die Physiognomie von Oleg, bewahre die Zeichnungen alle gut auf«, sagte ich bewundernd. Und berichtete nun von seiner Frau und von Julias Erkrankung und ihrer Angst, den Vater zu verlieren. »Du musst unbedingt wieder regelmäßig schreiben!«

Er nickte. Die Zeit drängte, der Beamte an der Tür schickte einen mahnenden Blick und signalisierte mit erhobener Hand und dem schon bekannten Zwinkern: »Noch fünf Minuten!«

Peter schaute mich fragend an. »Zeichne doch schnell einen Esel für Julia, mit einem Gruß in einer Sprechblase. Das Bild würde ich ihr gerne mitbringen.«

Ich riss ein Blatt aus meinem Kalender, reichte Peter einen Kuli, und nach kurzer Zeit war das Werk vollendet. Er übergab es mir mit der Bitte, bald wiederzukommen. Ich verabschiedete mich von meinem alten Freund, signalisierte dem verständigen Beamten meine Dankbarkeit und verließ nachdenklich die JVA.

In der Kinderklinik informierte ich Dr. Wehrdinger über meinen Besuch beim Vater unserer Patientin. Julia war glücklich über den Gruß ihres Vaters und zeigte Donky das Notizblatt mit der Zeichnung, las ihm die Sprechblase vor und sagte: »Papa wird bald wiederkommen. Dann gehen wir wieder in den Zoo und er erzählt uns Geschichten.«

Julias weiterer Heilungsverlauf verlief unauffällig, Peter wurde nach Verbüßung der halben Strafe wegen guter Führung entlassen.

DAS ETWAS ANDERE SENIORENHEIM

WIE DIE LIEBE ZU EINEM PFERD DIE DEMENZ VERGESSEN LIESS

Dass uns der Anblick der Tiere so sehr ergötzt, beruht hauptsächlich darauf, dass es uns freut, unser eigenes Wesen so sehr vereinfacht vor uns zu sehen.

ARTHUR SCHOPENHAUER

Gemeinsam führten Gerd R. und seine Frau Ute ein elegantes Schuhgeschäft in der nahen Kreisstadt, in dem man ausgefallene und auch sehr teure Schuhmarken erwerben konnte. Gerd und Ute waren Einzelkinder und selbst kinderlos. Zu ihren entfernten Verwandten hatten sie seit Jahren keinen Kontakt mehr. Die beiden besaßen einen verwöhnten und viel zu dicken Kater namens Lorenz. Lorenz wurde jeden Tag mit ins Geschäft getragen, wo er auf einem kleinen roten Samtsofa saß und alles um sich herum genau beobachtete.

Ute hatte zudem ein Fjordpferd mit dem Namen Kimi. Die Weide, auf der der hübsche gutmütige Wallach mit anderen Pferden stand, war nur zehn Fahrradminuten vom Wohnhaus entfernt. Ute besuchte Kimi täglich. Und wenn die Zeit es erlaubte, ritt sie über die Felder, mal mit und mal ohne Begleitung. Gerd, der für die Pferde einen großen Unterstand gebaut hatte, half regelmäßig beim Ausmisten und der Fütterung. Fürs Reiten konnte Ute ihren Mann jedoch nicht begeistern. Sein Liebling war der gut genährte Kater Lorenz. Das Ehepaar führte ein glückliches Leben.

In dem Jahr, als beide ihren 65. Geburtstag feierten, verkauften Gerd und Ute ihr Geschäft. Gerd beschäftigte sich nun mit kleinen Umbauten im Haus und mit der Neugestaltung des Gartens, Ute widmete sich ausgiebig ihrem Kimi. Das Ehepaar war gerade ein halbes Jahr im Ruhestand, da fielen Gerd erste Veränderungen an Ute auf. Sie, die immer liebevoll und friedlich gewesen war, wurde plötzlich streitsüchtig. Von jeher hatte Gerd das Frühstück zu Utes voller Zufriedenheit zubereitet. Jetzt schimpfte sie laut, dass der Kaffee zu schwach, das Brötchen zu hart und die Orangenmarmelade viel zu bitter sei. Manchmal schlug sie ihm die Tageszeitung aus der Hand. Zunächst nahm Gerd ihre Launen mit Humor, doch als sie ihn eines Tages als stinkfaul beschimpfte und ihn beschuldigte, eine Freundin zu haben, mit der er sich heimlich treffe, wies Gerd seine Frau energisch zurecht. Ute begann bitterlich zu weinen. Gerd wurde zunehmend niedergeschlagen. Was war mit seiner Frau los? Bekam ihr vielleicht der Ruhestand nicht? Doch vorläufig wurde Ute wieder entspannter.

Eines Tages entdeckte Gerd seine Frau ratlos vor ihrem Kleiderschrank im Schlafzimmer. »Gerd, wo hast du meine Reithose und meine Reitstiefel versteckt?« »Deine Reitsachen sind doch immer hinten im Kämmerchen«, antwortete er. Verunsichert holte Ute ihre Reitsachen, zog sich um und fuhr zu ihrem Pferd.

Kurz darauf beobachtete Gerd, wie Ute in der Küche Brote mit Wurst und Käse belegte, in den Korb packte, dazu eine Tüte Milch und zwei Becher Joghurt, zuletzt noch Besteck. »Macht ihr heute ein Picknick auf der Weide?«, fragte er. »Nein«, sagte Ute, »ich bringe Kimi das Frühstück.« Zunächst vermutete Gerd, seine Frau mache einen Scherz. Doch sie fuhr fort: »Vergiss nicht, Lorenz die Bratkartoffeln mit Spinat zu machen, das isst er so gerne. Stell ihm auch eine Flasche Bier hin.« Noch gelang es Gerd, den Gedanken an kommendes Unheil zu verdrängen.

Einige Zeit verging, und Gerd ertappte Ute, wie sie einen großen Topf mit allerlei Gabeln, Löffeln und Messern füllte, Wasser hinzufügte und den Topf auf den Herd stellte. Er fasste sie sanft am Arm, um ihr Tun zu unterbrechen, doch sofort schrie sie ihn an, er solle die Küche verlassen. Sie griff nach einem Kochlöffel und schlug heftig auf ihn ein. Wenige Tage nach diesem Vorfall suchte das Ehepaar einen Neurologen auf. Es folgten Wochen mit zahlreichen Tests und Untersuchungen, schließlich die schon befürchtete Diagnose: Alzheimer. Gerd spürte die Angst: Was sollte mit Ute geschehen. Was mit ihm? Ute war doch erst 66 Jahre alt, und er liebte sie.

Von nun an ließ Gerd seine Frau nicht mehr aus den Augen. Ihr Zustand verschlechterte sich schnell. Sie wurde hilfloser, unruhiger, ihr Kurzzeitgedächtnis funktionierte immer seltener. Zur Unterstützung während des Tages engagierte Gerd eine Seniorenassistentin, die glücklicherweise liebevoll und heiteren Gemüts war. Die junge Frau begleitete Ute täglich zu ihrem Pferd auf die Weide. Reiten wollte Ute nicht mehr, aber sie putzte und fütterte ihren Kimi, schmiegte ihr Gesicht an seinen Hals, schmuste mit ihm. Oft stundenlang. Mit ihrem Pferd wirkte Ute ruhig, schien sie glücklich.

Utes Fähigkeit, sich zu orientieren, nahm weiter ab. Sie verlernte das Schreiben, fand in ihrem Handy keine Telefonnummer mehr, suchte nach Worten. Ihre wütende Verzweiflung wurde wieder schlimmer und ihre Aggressionen gegen Gerd und die Seniorenassistentin nahmen zu. Selbst der dicke Kater Lorenz blieb nicht verschont. Ute hielt ihn plötzlich für einen Hund und verpasste ihm einen Tritt. Doch Lorenz nahm das ganze Geschehen mit großer Gelassenheit und verließ im Ernstfall einfach das Zimmer.

Zeitweise erkannte Ute ihren Mann nicht mehr, sie weinte im Schlaf und schrie nach ihrer Mutter. Oft stand sie in der Nacht auf, zog sich den Mantel über den Schlafanzug und wollte das Haus verlassen. Wenn sich Gerd ihr in den Weg stellte, griff Ute ihn an. Nur die gute Beziehung zu ihrem Pferd blieb unverändert.

Es musste ein neue Lösung her. Gerd führte lange Gespräche mit dem Hausarzt und der Seniorenassistentin. Auf keinen Fall wollte Gerd sich von seiner Frau trennen und sie allein in einem Pflegeheim unterbringen. Doch was sollte mit Pferd Kimi und Kater Lorenz geschehen, wenn er gemeinsam mit Ute in ein Seniorenheim ziehen würde? Gerd grübelte nächtelang und schlief immer schlechter.

»Wir müssen ein schönes, in der Natur gelegenes Heim suchen«, schlug die Seniorenassistentin vor. »Eines, in dem man auf Demenzkranke spezialisiert ist und in dem auch Tiere aufgenommen werden.« Gemeinsam suchten sie im Internet, und Gerd war erstaunt, dass solche Heime tatsächlich existierten. Immerhin drei schienen infrage zu kommen. Gerd telefonierte und unternahm Ortsbesichtigungen in schönen Landschaften. Schließlich entschied er sich für eine Senioreneinrichtung im Hochsauerland. Hier betreute man Demenzkranke mit der Hilfe von Tieren. Tiere, so zeigen zahlreiche Studien, haben auf Demenzkranke eine positive Wirkung. Sie bauen eine Kommunikation ohne Worte auf, holen die Erkrankten aus ihrer Erstarrung und animieren die motorischen Reflexe – zum Beispiel das Streicheln, das Berühren. Und durch die Berührungen können sich die Demenzkranken wieder selbst spüren. Sie erfahren Nähe, Geborgenheit und Wertschätzung, auch wenn ihre Fähigkeiten immer mehr nachlassen. Vor Tieren muss man sich nicht schämen. Tiere spenden Trost und bauen Stress ab. Das gelingt besonders leicht, wenn es sich um die eigenen Tiere handelt, die die Kranken mit ins Heim bringen und für deren Wohlergehen sie ihren Möglichkeiten entsprechend weiter verantwortlich sind.

Von Anfang an war Gerd von der Einrichtung restlos begeistert. Eine großzügige Anlage, bestehend aus mehreren einstöckigen Fachwerkhäusern. Rundherum ein großer Park mit alten Bäumen. Überall standen kleine Sitzgruppen und einzelne Holzbänke. Etwas entfernt waren die Stallungen und die Weiden, alles in einem sehr gepflegten Zustand. Für Ute und sich hatte Gerd eine größere Wohnung ausgesucht, in die sie auch einen Teil ihrer Möbel mitnehmen konnten. Vertraute Gegenstände, wichtig für Ute, aber auch wichtig für ihn.

Der Umzug ins Hochsauerland war schnell organisiert und vollzogen. Gerd hatte die Wohnung gemütlich eingerichtet, und bald saß Kater Lorenz wieder friedlich und behäbig auf seinem Stammplatz, dem kleinen Samtsofa. Auch Kimi hatte sich schnell in die neue Tierschar eingefügt, lebte jetzt zwischen Schafen, Ziegen und anderen großen und kleinen Pferden. Als Ute auf der neuen Weide ihren Kimi wiedersah und dieser sofort auf sie zutrabte, sah Gerd ein Lächeln auf ihrem Gesicht. In ihrem neuen Zuhause wurde Ute im Laufe der

Zeit immer ruhiger. Sie verbrachte viel Zeit draußen auf der Weide, liebkoste nicht nur ihren Kimi, sondern auch die anderen Tiere. Die Schafe mit ihrem wolligen, weichen Fell hatten es ihr besonders angetan. Gerd war sehr glücklich darüber, wie positiv seine Frau auf die neue Umgebung reagierte und dass sie sogar Angebote wie die Ergotherapie annahm. Außerdem schloss Ute sich einer kleinen Tanzgruppe an. Doch leider versiegte ihr Erinnerungsvermögen immer mehr, sie erkannte Gerd nun gar nicht mehr, schien sich jedoch insgesamt wohlzufühlen, denn sie hatte stets ein leises Lächeln im Gesicht. Die Tiere waren ihre wichtigsten Bezugspersonen. Kater Lorenz übrigens musste sich auf Anraten des Tierpflegers einer Abmagerungskur unterziehen. Er wurde schlank und rank, unternahm jetzt kleine Ausflüge in die nähere Umgebung und begleitete Gerd, der sich auf dem Gelände nützlich machte. Lorenz beobachtete ihn aufmerksam bei seinen Reparaturen und fuhr mit ihm auf dem Rasenmähertraktor herum. Lorenz wurde Gerds ständiger Begleiter. Gerd unterstützte auch die Tierpfleger bei ihrer Arbeit. Und fand für sich eine neue ruhige Zufriedenheit. Nur wenn er seine Frau anschaute, überfiel ihn Traurigkeit, und er fühlte einen unbestimmten Schmerz: Sie hatte sich von ihm verabschiedet. Aber sie schien glücklich unter ihren Tieren.

DIE FLEDERMÄUSE
AUS DER ALTEN MEIEREI

ODER DAS ABENTEUER,
KLEINE VAMPIRE ZU FANGEN

Ein kleines Mäuschen kroch
stets unzufrieden in sein Loch;
stets wünscht' es: Wär' ich doch der kleine Vogel nur
und flög' in freier Luft! Zeus sagte zum Merkur:
Ich will der Närrin Wunsch gewähren,
erscheine, Maus! – Sie kam,
den Götterspruch zu hören.
Wohlan, sprach Zeus zum Zeitvertreib,
geb' ich dir Flügel an den Leib.
Nun flieg!
Halb Vogel und halb Maus,
flog sie und hieß die Fledermaus.
Merkur sah sie und lachte;
nun fliegt sie nur bei Nachte.

JOHANN WILHELM LUDWIG GLEIM

Es waren sechs harte Monate gewesen, dazu herrschte von Mai an eine unerträgliche Hitze. Zahlreiche Kollegen erkrankten an einer länger andauernden Sommergrippe, sodass ich mit nur wenigen Assistenten nahezu rund um die Uhr arbeitete. Eigentlich hatte ich für November eine Bergtour in den Himalaya geplant, doch ich fühlte mich nicht fit genug, da ich gar keine Zeit hatte, mich für diese anstrengende Tour vorzubereiten.

Wohin nun?

Die Kanarischen Inseln gingen mir durch den Kopf, vor Jahren hatte ich mich dort einmal prächtig erholt. Doch die anstrengende Flugreise, ein volles Hotel und die eventuelle Hitze auch dort hielten mich davon ab.

Wie wäre es mit der Insel Fehmarn, dachte ich. Vor zwei Jahren hatte ich meine Familie dort besucht. Sie verbrachte in Gammendorf, einem kleinen beschaulichen Dorf, die Sommerferien auf einem großen Bauernhof. Zur Freude aller lebten viele Tiere auf dem Hof: Kühe, Pferde, Schweine, Ziegen, Hühner, Enten, Kaninchen und alle in artgerechter Haltung. Das hatte mir damals gut gefallen.

Zu dem Hof gehörte eine sehr schöne alte Meierei, ein ehemaliger Molkereibetrieb, mit zwei renovierten Ferienwohnungen. Parterre wohnte der alte Bauer mit seiner Frau, es war ihr sogenanntes Altenteil. Ihr Sohn Sören und seine Frau bewirtschafteten das Anwesen nebenan.

Im ersten Stock war die große Ferienwohnung, und im Dachgeschoss befand sich eine Art Studio, das durch eine enge, knarrende Holztreppe mit zahlreichen Stufen zu erreichen war. Das Studio besaß ein großes Zimmer mit integrierter Küche und ein Bad. Das war genau das Richtige für mich.

Die Herbstferien hatten noch nicht begonnen, und sicher würde ich auf der Insel meine wohlverdiente Ruhe finden: nur

lesen, mit dem Rad ans Wasser fahren, Spaziergänge unter-
nehmen und schlafen, schlafen. Ein Anruf genügte und ich
konnte das Studio für drei Wochen mieten.

Als ich über die Fehmarnsundbrücke fuhr und zu beiden
Seiten das Wasser sah, auf dem kleine Segelboote dahinglit-
ten, überkam mich ein richtiges Glücksgefühl. Ich drehte alle
Fenster runter und atmete die frische, reine Seeluft begierig
ein.

Ich erreichte das Dorf, die alte Meierei, begrüßte das alte
Ehepaar und stieg mit meinem Gepäck, was für mich etwas
beschwerlich war, hoch in das Studio. Die Erholung konnte
beginnen. Eine Woche unternahm ich fast gar nichts, streifte
nur an den abgeernteten Feldern mit den sogenannten Knicks
vorbei und freute mich riesig, wenn aus diesen Rehe oder Ha-
sen sprangen und sich im nächsten Knick in Sicherheit brachten.

In der zweiten Woche ging es mir schon entschieden besser, auch das Treppensteigen bereitete mir auf einmal keine
Mühe mehr. Meine Lebensgeister erwachten langsam wieder.

Es war ein sehr milder Oktober. Abends saß ich mit dem
alten Bauern und seiner Frau auf der Terrasse, die mit einer
Pergola überdacht war. Der Bauer stiftete den Wein, und ich
holte frisch geräucherten Fisch aus der berühmten Aalkate, die
unser Altkanzler Helmut Kohl so geliebt hatte und in der er
immer einkehrte, wenn er in Schleswig-Holstein war.

Sobald es dämmerte und schließlich dunkel wurde,
schwirrten zwei Fledermäuse um uns herum. Mir war das
nicht geheuer, denn es ging meistens dicht an unseren Köpfen
vorbei. Tatsächlich hatte ich die Befürchtung, sie würden sich
in meinen Haaren verfangen. Der Bauer erklärte lächelnd:
»Keine Angst, es passiert nichts, sie jagen nur hinter Mücken,

Motten und Nachtfaltern her. Es sind Zweifarbenfledermäuse und sehr selten. Sie wohnen schon über zwanzig Jahre bei uns, gleich bei Ihnen oben unter der Dachspitze. Sie stehen unter Naturschutz und wurden von einer Fledermaus-Schutzbehörde registriert. Seitdem werden sie genau beobachtet, und jede Veränderung oder Auffälligkeit wird dokumentiert. Wenn Sie genau hingucken, können Sie die Zweifarbigkeit gut erkennen. Meine Frau und ich warten jeden Abend auf die beiden, wir betrachten sie als unsere Haustiere und sind ganz beunruhigt, wenn sie nicht erscheinen, was ja auch mal vorkommen kann.«

»Wissen Sie, warum Fledermäuse nur nachts fliegen?«, fragte die Bäuerin mit einem Lächeln auf ihrem Gesicht. »Nein, keine Ahnung«, antwortete ich, »darüber habe ich mir bis jetzt keine Gedanken gemacht.«

»Damals, als wir die Meierei renovierten«, fuhr der Bauer fort, »war unsere größte Sorge, dass die beiden Fledermäuse uns verlassen würden, darum renovierten wir nur in der Nacht, wenn sie unterwegs waren. Mein ältester Sohn Sören zweifelte etwas an unserm Verstand, und wir mussten zu den Bauarbeiten fremde Hilfe holen, eine kostspielige Angelegenheit! Sören weigerte sich strikt, nachts zu renovieren. Ich habe übrigens ein sehr lehrreiches Buch über Fledermäuse, ich gebe es Ihnen, falls es Sie interessiert.«

Nie hätte ich mir träumen lassen, dass ich mich mal für Fledermäuse brennend interessieren würde.

Ich studierte intensiv das Buch und die Dokumentation der Schutzbehörde. Zum Beispiel erfuhr ich, dass Fledermäuse die einzigen Säugetiere sind, die wie Vögel fliegen können, und dass sie ihren Namen wegen ihrer schnellen Flügelbewegungen erhielten. Früher nannte man sie übrigens Flattermäuse, mit der Zeit entstand der Name Fledermaus. Für eine Fledermaus sind bei ihrer nächtlichen Jagd nicht die Augen entscheidend, sondern die Ohren. Sie stoßen zahlreiche schnelle Töne aus, die wir Menschen nicht hören können. Treffen diese auf ein Hindernis, prallen sie davon ab und werden zurückgeworfen. Die Fledermaus weiß nun, dass sich etwas vor ihr befindet. Unsere beiden Fledermäuse waren weiblich, Männchen gehen meistens ihre eigenen Wege und sind nicht so häuslich.

Nun wartete ich ebenfalls ungeduldig jeden Abend auf der Terrasse auf unsere Fledermäuse, die auch pünktlich oben ihre Behausung verließen und sich auf die Jagd machten.

»Sie haben wirklich Glück, dass wir so einen warmen Herbst haben und sie sich noch nicht in ihren Winterschlaf begeben haben. Sobald es kühler wird, verschwinden sie bis zum Frühjahr oben im Gebälk«, so der Bauer.

Es war der letzte Abend vor meiner Heimreise. Ich wollte morgens schon um fünf Uhr losfahren, da ich bereits um 16 Uhr einen Termin in Bonn hatte. Beschwingt vom Wein stieg ich glücklich die Treppe hoch zu meinem Studio, öffnete die Tür und knipste das Licht an.

Oh Schreck! Um die Deckenleuchte schwirrte eine der beiden Fledermäuse. Ich hatte vergessen, die Vorhänge vor die kleinen geöffneten Dachfenster zu ziehen. Das muss wohl öfter geschehen, dass eine Fledermaus beim Erjagen eines Insekts sich in einen Raum verirrt. Man hatte mich oft genug darauf aufmerksam gemacht.

Ich schaltete das Licht aus in der Hoffnung, dass die Fledermaus den Weg nach draußen finden würde. Vergebens! Als ich das Licht wieder anmachte, schwirrte sie erneut im Zimmer umher und flog dann in die Ecke an der Wand, wo sie

Halt fand. Ich war erstaunt, wie klein sie ohne ihre ausgebreiteten Flügel war. Sie wirkte so hilflos und ängstlich dort in der Ecke. Die Prozedur mit Licht aus und Fenster auf wiederholte ich einige Male, leider ohne Erfolg.

Ich machte mich auf den Weg nach unten, um den Bauer und seine Frau um Rat zu fragen, klopfte heftig an die Türe, doch nichts rührte sich, sie schienen fest zu schlafen. Etwas verzweifelt stieg ich wieder nach oben. Mit Sicherheit würde ich mit der Fledermaus in meinem Raum keinen Schlaf finden. Und dann morgen die lange Heimreise! Tatsächlich war sie noch in meinem Zimmer, erst oben in der Ecke, dann schwirrte sie um die kleine schwach leuchtende Stehlampe herum.

In meiner Verzweiflung beschloss ich, sie zu fangen. Ich nahm mein Badetuch, warf es über das Tier und anschließend aus dem Dachfenster. Ohne Erfolg! Sie schwirrte weiterhin um das Licht herum, ich hatte sie nicht erwischt. Jetzt ergriff ich mein großes Bettlaken, schleuderte es über die kleine Fledermaus und alles zusammen raus damit. Tatsächlich hatte es geklappt. Mittlerweile war es nach Mitternacht und ich fand endlich meine Ruhe.

Am nächsten Morgen hatte ich natürlich verschlafen. Ich schaute aus meinem Fenster. Unten auf der Terrasse saß das Ehepaar und frühstückte, das Handtuch und das Betttuch hingen in der Pergola über ihnen. Der Bauer schaute nach oben und rief: »Was haben Sie denn da oben in der Nacht veranstaltet?« Ich erzählte mein nächtliches Erlebnis mit unserer Fledermaus.

»Ach«, meinte der Bauer, »das ist doch ganz einfach. Wenn sie in der Ecke an der Wand hängt, nimmt man einen Topf, hält ihn drunter und tippt die Fledermaus mit einem Besenstiel leicht an. Sie fällt sofort in den Topf und dann nach draußen mit ihr!«

Die beiden amüsierten sich köstlich, und ich war sicher, das ganze Dorf später ebenfalls.

Y.Lee

HERZ UND HUND

EINE SPÄTE IDYLLE

*Eine der liebenswürdigsten Etappen auf Gottes Weltgang
vom Guten zum Besseren ist die Schöpfung des Hundes.*

FRIEDRICH THEODOR VON VISCHER

Jeden Morgen, pünktlich um sieben, sitzt Paul, ein Golden Retriever, an der Garderobe. Seine Leine in der Schnauze wartet er geduldig, dass der frühmorgendliche Spaziergang endlich losgeht.

Zunächst läuft Paul noch gesittet an der Leine durch die lebhaft befahrene Straße. Bis zu einem großen Feld. Sobald die Leine gelöst ist, rast Paul los, vielleicht 200 Meter, dann bleibt er stehen, schaut sich nach seinem Begleiter um, macht mehrere Luftsprünge und ist kurz darauf wieder an Rainers Seite. Er lehnt sich an sein Bein und schaut ihn mit seinen sanftmütigen Augen an.

Nach zahlreichen Erkrankungen und Krisen hat Rainer mit Paul einen treuen Weggefährten gefunden. Ein schönes Tier, intelligent und von großer Freundlichkeit. Für den Hund ist Rainer der Mittelpunkt. Er sucht seine Nähe, vertraut ihm, zeigt Rainer, dass er ihn liebt. Anerkennung und Wärme, die Rainer in seinem Leben von Menschen nur selten erfahren hat. Und die ihm nun den Lebensmut geben für die Erinnerungen an das Vergangene und für die Gegenwart.

Sommer 2016. Die sogenannte Mau-Mau-Siedlung in einer ehemaligen Sandgrube außerhalb von Pfaffenhofen ist fast schon Geschichte. Die letzten Bewohner der Baracken sind vor einigen Monaten weggezogen, nun steht der Abriss bevor. In einem Flur stehen noch ein paar Hausschuhe, über einem Stuhl hängt eine Strickjacke, in einem Küchenschrank stapeln sich Kuchenteller, auf einem Sofa sitzt eine verrenkte Puppe. Der Putz fällt von den Wänden, eingeschlagene Fensterscheiben, der süßlich-muffige Geruch nach Schimmel. Gebaut wurden die kleinen Häuschen Mitte der Fünfzigerjahre, als auch in der Stadt in aller Eile zahlreiche Siedlungen errichtet wurden, um die Wohnungsnot der Nachkriegszeit zu lindern. Anfangs wurde das Quartier noch »An der Sandgrube« genannt, doch weil dort schließlich nur noch Heimatvertriebene und andere Obdachlose untergebracht wurden, setzte sich im gehässigen Volksmund der Name »Mau-Mau-Siedlung« durch. »Mau-Mau« war ein auch in anderen Städten geläufiges Schimpfwort, mit dem man die Ärmsten der Armen beleidigte und von den »guten Bürgern« abgrenzte. Entlehnt ist das Schimpfwort übrigens dem sogenannten Mau-Mau-Aufstand gegen die britische Kolonialherrschaft, der 1952 in Kenia stattfand. In der Wahrnehmung der Europäer galten die Aufständischen nicht als stolze Freiheitskämpfer, sondern als asoziale Wilde.

Auch Rainers Eltern waren Heimatvertriebene aus Ostpreußen und lebten mit ihren Söhnen in der Mau-Mau-Siedlung. Hier »An der Sandgrube« gab es weder Kanalisation noch asphaltierte Straßen. Im Winter froren regelmäßig die Wasserleitungen ein. Die Familienväter arbeiteten in einer Fabrik und betrieben nebenbei – wie in ihrer früheren Heimat – etwas Ackerbau und Viehzucht. Die Leute waren sehr fleißig. Man half sich untereinander und hielt zusammen.

Wie die Nachbarn lebte auch Rainers Familie auf engstem Raum. Mit seinen beiden Brüdern teilte er sich ein winziges Zimmer. Doch die bescheidenen Wohnverhältnisse bedrückten Rainer nicht. In der Siedlung ging es allen so. Das Problem war sein Vater. Der hatte in seiner alten Heimat eine gute Anstellung gehabt, hatte sich geachtet gefühlt, und niemand in seiner Umgebung hatte auf ihn herabgeschaut. Die neue Situation als einfacher Fabrikarbeiter und das Leben in der verachteten Mau-Mau-Siedlung waren für ihn eine unerträgliche Demütigung. Er begann zu trinken. Doch der Alkohol förderte nur seinen Jähzorn. Nach den Wirtshausbesuchen tyrannisierte er die Familie und schlug sogar seine Frau.

Für Rainer begann ein immer wiederkehrender Albtraum, Abend für Abend zitterte er vor Angst: »Die Furcht sprang mich an wie ein wildes Tier, sobald ich das Drehen des Schlüssels im Türschloss hörte. Das Schluchzen und Wehklagen der Mutter grub sich tief in mir ein.«

Die Brüder aber schliefen fest. Sie schienen von den nächtlichen Dramen nichts mitzubekommen. Rainer begann, an seinen Fingernägeln zu kauen. Ab und zu nässte er sich auch ein. Er sehnte sich nach einem Hund, einem Gefährten, einem wärmenden, tröstenden Lebewesen.

Rainer war ein guter Schüler und wurde im dritten Schuljahr Klassensprecher. Sein Lehrer, ein engagierter Pädagoge, förderte und ermutigte den Jungen. Er gab ihm Lektüretipps und regte ihn so zum Lesen an. Er erkannte auch Rainers fußballerisches Talent, und er wollte unbedingt, dass der Junge als Klassenbester nach dem vierten Schuljahr aufs Gymnasium ging. Rainers Vater hatte für diesen Vorschlag nur eine barsche Antwort übrig: »Das kommt überhaupt nicht infrage. Du lernst einen Beruf und verdienst Geld!«

Die Mutter flehte den Vater an. Vergebens. »Halt dich da raus«, schnauzte er sie an. Auch ein intensives Gespräch zwischen Lehrer und Eltern änderte nichts an dem Entschluss des Vaters. Die später erzwungene kaufmännische Lehre machte Rainer nicht glücklich. Er fühlte sich fehl am Platz, unterfordert. Ein Freund der Familie erkannte Rainers Not und riet ihm, die Aufnahmeprüfung für die Fachhochschule für Wirtschaft zu machen. Auch wenn er von seiner Familie keine materielle Unterstützung bekommen würde: »Du kannst ja nebenbei arbeiten und deinen Unterhalt verdienen.« Rainer befolgte den Rat. Er studierte, fand genügend Jobs und schloss die Fachhochschule für Wirtschaft erfolgreich ab.

Trotzdem fühlte sich Rainer am Ende seines Studiums »seltsam verändert, leer und antriebslos«. Vielleicht Folgen des Prüfungsstresses, so vermutete er, oder die zunächst frustrierende Stellensuche.

»Immer wieder kroch die Angst hoch, ob ich alles schaffen würde. Die Vorahnung, dass etwas Schlimmes passieren wird. Dazu ein lähmendes Gefühl in allen Extremitäten, das vorübergehend immer stärker wurde. Eine Mischung aus Kribbeln und Schwäche in Armen und Beinen. Auch bei Autofahrten gab es immer wieder kleine Attacken, etwa beim Überholen. Diese seltsamen Empfindungen waren dann sogar im Kopf zu spüren, sie zogen sich um den ganzen Schädel.«

Der Hausarzt sprach von einer depressiven Störung, verschrieb Rainer homöopathische Mittel und half ihm mit einfühlsamen Gesprächen. Nach wenigen Wochen war, so Rainer, das erste »Wetterleuchten einer Depression« vorüber. Doch nach mehreren Jahren traten die Panikattacken erneut auf, obwohl Rainer inzwischen eine gute Stelle in einem großen Getränkevertrieb angetreten hatte. Er war fleißig, erfolgreich und wurde schnell von allen in der Firma geschätzt. Sie wurde seine »zweite Heimat«, die Geschäftsführung erkannte rasch seinen Wert und förderte und belohnte ihn.

Was allerdings darunter litt, war das Familienleben. Seine Frau hatte sich die Ehe anders vorgestellt. Als sie einen alten Jugendfreund wiedertraf, trennte sie sich von Rainer und reichte die Scheidung ein. Plötzlich tauchte nachts wieder die Erinnerung an die Kindheit in seinen Träumen auf, der Spott in der Schule: »Mau-Mau Pollack«, das Weinen der Mutter, die Wutanfälle des Vaters. Anfangs konnte Rainer die Anfälle von Panik noch aushalten. Nur durch eine intensive mehrmonatige Psychotherapie gelang es ihm weiterzuarbeiten. Die Gespräche mit dem Therapeuten fingen ihn immer wieder auf. Er lernte, diese Attacken seinem Umfeld gegenüber zu verbergen, und arbeitete weiter, ohne aufzufallen.

An einem regenreichen kalten Novembermorgen startete Rainer in Richtung Süden. 400 Kilometer Autobahn lagen vor ihm, hinter ihm ein stressiges Wochenende. Mit den Worten, dass er ganz auf seine gute Verhandlungsfähigkeit setze, hatte ihm der Chef eine Sonderaufgabe übertragen. Statt ihn anzuspornen, hatten diese Worte Rainer nur unter Druck gesetzt; er hatte sich das ganze Wochenende vorbereitet. Keine Zeit für Erholung. Er fühlte sich erschöpft, wie ausgelaugt.

Die Verhandlungen mit dem seit Jahren bekannten mittelständischen Partnerunternehmen, das aber neuerdings der 25 Jahre jüngere Juniorchef führte, zogen sich hin. Mit dessen

Vater waren Vertragsabschlüsse stets einfacher, weil freundlicher und sachlicher verlaufen. Der Junior spielte sich hingegen überheblich als großer Kenner der Materie auf und demonstrierte mit diversen Sticheleien, dass er nun endlich das Sagen in der Firma hatte. Seine Angebote grenzten an Erpressung. Rainer konnte plötzlich keine Minute länger bleiben. Er erhob sich. »Das ist unser letztes Angebot, ich fahre. Und grüßen Sie Ihren Vater.« Verblüfft und plötzlich sehr kleinlaut wollte ihn sein Gegenüber zurückhalten. Doch Rainer ließ sich nicht umstimmen. Auf dem Weg zum Auto spürte er ein heftiges Pochen seines Herzens. Er wollte nur noch nach Hause. Eine Viertelstunde später musste er die Heimfahrt unterbrechen. Ein bislang unbekannter Druck im Brustkorb zwang ihn, auf dem nächsten Autobahnparkplatz zu halten. Die Angst sprang ihn an wie ein wildes Tier. Wie in einem Film sah er sich zurückversetzt in seine Kindheit, in die Enge der Mau-Mau-Siedlung, wenn ihn die Ängste überfielen. Sein Herz stolperte. Panik. Die Umgebung verschwamm vor seinen Augen, dahinter, so schien es ihm, ein schwarzes Loch. Nur langsam wurde er ruhiger. Nach seiner Heimkehr ließ er sich gründlich untersuchen.

»Sie haben nichts am Herzen«, erklärten ihm die Ärzte. Rainer nahm seine Arbeit wieder auf. Doch schon bald kam es zu erneuten Panikattacken. Rainers Leben war nun beherrscht von der Angst vor der Angst. Monate später traf Rainer zufällig seinen alten Hausarzt, der sich längst zur Ruhe gesetzt hatte. Ihm konnte er vertrauensvoll seine Leidensgeschichte erzählen. Der Arzt empfahl ihm eine renommierte psychosomatische Klinik, in der sich Rainer von Beginn an gut aufgehoben fühlte. Dr. Renger, sein behandelnder Arzt, war ein erfahrener Internist und Psychotherapeut. Er strahlte Ruhe aus. Sein

Sprechzimmer war hell, an den Wänden hingen Bilder aus Japan, und auf dem Schreibtisch befanden sich kleine holzgeschnitzte Tierfiguren. Dr. Renger hörte gut zu und stellte einfühlsame Fragen. »Wir können Ihnen Ihre Ängste nehmen«, sagte er schließlich, »aber wir brauchen Zeit!« Schnell startete die Behandlung: Gruppentherapie, regelmäßige Einzelgespräche und ein Fitnessprogramm. Nach zwei Wochen wachte Rainer nachts um drei, zur Wolfsstunde, schweißgebadet auf. Wilde Träume, Herzjagen, eine erneute Panikattacke. Die Nachtschwester verabreichte ihm ein Beruhigungsmittel. Bei der Visite am nächsten Morgen berichtete Rainer dem Arzt von der schlimmen Nacht: »Ich hatte wieder Fluchtgedanken, ich wollte nur noch wegrennen.« Dr. Renger setzte sich neben Rainers Bett, nahm seine Hand und streichelte sie. Eine Berührung, die durch Rainers ganzen Körper strömte. Schmerz und Erlösung. Tränen stiegen ihm in die Augen.

»Das hat mein Vater nie gemacht. Wie oft habe ich mich als Kind danach gesehnt.«

Nach drei Monaten hatte sich Rainer erholt und konnte entlassen werden. Von seinem Chef und den Kollegen wurde er bei seiner Rückkehr freudig begrüßt. Und zunächst schien er zu seiner alten Tatkraft zurückgefunden zu haben.

Das Pensum in Rainers Firma wurde immer größer. Doch immerhin, die Arbeitsatmosphäre blieb weiterhin kollegial und respektvoll. Rainer ging es gut. Aber dann, eines Tages der Zusammenbruch beim Joggen: Verdacht auf Herzinfarkt.

»Es war ein Gefühl, als ob mein Herz aus dem Brustkorb springen würde. Wieder stand ich am Abgrund des schwarzen Lochs, danach verlor ich das Bewusstsein.«

Eine Panikattacke während der Herzkatheter-Untersuchung, zwei Stents werden gesetzt, am Tag danach eine dramatische Verschlechterung durch eine Blutung in den Herzbeutel mit anschließendem Kreislaufkollaps, der kritische Zustand dauert mehrere Tage.

Später berichtete Rainer: »Wie in einem Traum befand ich mich schwebend über dem bekannten schwarzen Loch, das jetzt alle Schrecken verloren hatte. Daraufhin öffnete sich ein purpurfarbener Vorhang, hinter dem sich eine weite Waldlichtung befand, in der Ferne ein gleißender Lichtstrahl, der bis in den Himmel reichte. Eine Unbekannte stand neben mir, lächelte freundlich und sprach leise zu mir. Sie schien mir seltsam vertraut. Das Licht überflutete die Lichtung, dann lösten sich die Bilder langsam auf. Nach langer Zeit wachte ich auf der Intensivstation wieder auf. Und wollte an diesen Ort zurück.«

Die Worte des Kardiologen waren unmissverständlich: »Sie sehe ich sicher nicht wieder, denn das dritte Ereignis dieser Art werden Sie nicht überleben.«

»Was soll ich tun?«

»Sie müssen Ihren Job aufgeben.«

Rainer vereinbarte einen Termin mit seinem Chef und sprach offen über seine Krankheit und seine Panikattacken. Der verständige Vorgesetzte lobte Rainers gute Arbeit während der 28 Firmenjahre und bot ihm die sofortige Pensionierung ohne Reduzierung der Pensionsansprüche an. Mit Mitte fünfzig beendete Rainer sein Arbeitsleben.

Jetzt endlich, nach seiner Frühpensionierung und einer großzügigen Abfindung, hatte Rainer die Zeit und die Kraft, sich einen Hund als Begleiter zu suchen. Er fragte bei einem Züchter nach einem Welpen. Der Züchter, ein verantwortungsvoller Mann, wollte Rainer zunächst kennenlernen und fragte ihn eingehend nach seinen Lebensumständen und Krankheiten. Bis es Rainer zu bunt wurde: »Was soll das Ganze?« »So mache ich es immer, wenn ich jemandem einen meiner Welpen überlasse«, erklärte der Züchter schmunzelnd: »Ich muss wissen, dass meine Hunde in gute Hände kommen.«

Paul, der Golden Retriever, ist heute zwölf Jahre alt und Rainers bester Freund. Rainer ist nicht mehr allein und erfährt zuverlässig eine besondere Art von Zärtlichkeit. Täglich machen er und Paul lange Spaziergänge, die Rainers Gesundheit fördern. Sein Herz schlägt ruhig und Panikattacken hat er seit vielen Jahren nicht mehr erlebt.

In den ersten beiden Jahren ihres Zusammenlebens, in denen sich Paul zu einem sehr schönen Rüden entwickelte, fragte Rainer ab und zu einen Hundetrainer um Rat. Trotz aller Tipps: Der Hund lernte nicht, auf Rainers Kommandos zu hören. Paul blieb eigensinnig. Ein Bericht über »4 Pfoten für Sie«, einen Hundebesuchsdienst für Demenzkranke, brachte Rainer auf die Idee, die notwendige Erziehung seines Hundes mit einer neuen Perspektive zu verbinden. Paul bestand den Eignungstest, also die Prüfung seiner sozialen Kompetenz, und Hund und Herrchen absolvierten einen Qualifizierungskurs zur Vorbereitung auf ihre künftige gemeinsame Aufgabe. Die Ausbildung des Menschen ist dabei genauso wichtig wie die Ausbildung des künftigen Demenzhundes. Schwerpunkte des Kurses sind Informationen über das Krankheitsbild Demenz oder über Interaktionsmöglichkeiten zwischen dem Hund und dem Kranken. Und während der zahlreichen Praxisübungen lernt der Hund ein Mindestmaß an Gehorsam. Zwei Jahre lang absolvierten Rainer und Paul die strenge Ausbildung, zu der im praktischen Teil der regelmäßige Besuch eines Seniorenheims gehörte.

Diese Besuche, die Herr und Hund bis heute fortsetzen, entwickelten sich für Rainer zu einem ganz eigenen Abenteuer. Er lernt neue Menschen und ihre Geschichten kennen, er sieht ihre Nöte, ihre Einsamkeit und ihren Verfall. Aber auch die Linien in ihrem Gesicht, die von Lachen oder Humor oder erlebtem Glück erzählen. Und er ist dankbar für die Freude, die er und der einfühlsame, zugewandte, um Körperkontakt bemühte Paul den alten Menschen bereiten können. Wenn er seine Hand auf ihre Hände legt oder wenn Paul sie berührt. Mit der Pfote, mit dem ganzen Körper. Menschen in Heimen sehnen sich nach Berührung. Und was für ein Glück, wenn zum Beispiel ein Mensch, der seit Monaten nicht gesprochen hat, plötzlich redet: »Komm, Paul. Ich will dich streicheln.«

Ergänzung: Um zu Menschen mit Demenz Kontakt aufzunehmen, sind Hunde besonders geeignet. Das liegt an ihrem Wesen. Hunde sind in der Regel sehr menschenbezogen und haben einen auffordernden Charakter. Der Kontakt mit ihnen kann mobilisierend, aber auch beruhigend wirken. Sie begegnen uns unvoreingenommen, reagieren auf Ansprache, Gesten und Mimik. Für den Hundebesuchsdienst sind vor allem ihre Anpassungsfähigkeit und ihr breites Spektrum an Beschäftigungsmöglichkeiten (Such-, Fang- und Apportierspiele, Streicheln, Füttern und Spazierengehen) von großem Vorteil. So ist es möglich, dass sich die Besuche an den individuellen Bedürfnissen und Fähigkeiten von Mensch und Hund orientieren können.